IMAGEN *y* *Palabra*

A cien años de la fundación de la Universidad de Puerto Rico

IMAGEN *y Palabra*

A cien años de la fundación de la Universidad de Puerto Rico

EDUPR

La Editorial
Universidad de Puerto Rico

ISBN: 0-8477-0161-1

Coordinación general y selección de textos:
Marta Aponte Alsina

Diseño gráfico:
Lydimarie Aponte Tañón . LAT Diseño Gráfico

Fotografía:
John Betancourt

Otros fotógrafos:
Carlos Díaz, Julio César Laboy Abreu, Javier Rivera Burgos, Edwin Ríos, Jesús Emilio Marrero

Portada: Detalle de *Tierra* (2003), medio mixto, de Enrique Renta Dávila
Texto de portada: "Fantasía del agua", de Laura Gallego
Página iv: Detalle de *Tejas* (s.f.), óleo sobre lienzo, de Julio Rosado del Valle, Colección de la Junta de Síndicos
Página viii: Detalle de *Mujer en el mezquital* (1960), óleo sobre masonite, de David Alfaro Siqueiros, Legado de don José Trías Monge

Otros créditos:
Bernard Buffet, "Bateaux Bretons a la Mer," 1965 © 2004 Artists Right Society (ARS), New York/ADAGP, Paris
Giorgio de Chirico, "Dos Figuras Sentadas" © 2004 Artists Rights Society (ARS), New York/SIAE, Rome
Antoni Tapies, "Sin título" © 2004 Artists Rights Society (ARS), New York/VEGAP, Madrid
Hans (Jean) Arp, "Constellation" © 2004 Artists Rights Society (ARS), New York/VG Bild-Dunst, Bonn
Pablo Picasso, "Seated Woman" 1949 © 2004 Estate of Pablo Picasso/Artists Rights Society (ARS), New York

La Editorial de la Universidad de Puerto Rico
PO Box 23322
San Juan, Puerto Rico 00931-3322
www.laeditorialupr.org

CONTENIDO

ix   La universidad como casa del arte

ANTONIO GARCÍA PADILLA

Presidente de la Universidad de Puerto Rico

xi   Presentación

HÉCTOR FELICIANO

1   Artes Primeras

25   Pintura

149   Gráfica

205   Escultura

231   Otros medios

284   Sobre la selección de textos

286   Fuentes de los textos

290   Sobre las colecciones representadas

294   Catálogo de obras por artista

309   Índice de artistas

311   Índice de autores

313   Agradecimientos

LA UNIVERSIDAD COMO CASA DEL ARTE

ANTONIO GARCÍA PADILLA
Presidente de la Universidad de Puerto Rico

A cien años de su fundación, la Universidad de Puerto Rico celebra los frutos de la creación y los frutos de la contemplación que el arte posibilita. No es ajena esa cosecha del espíritu al propósito universitario, aunque no siempre nos percatemos de que la aventura del saber que se juega en las aulas, las bibliotecas, laboratorios y talleres, es también empresa de belleza. Lo es porque con el arte, el conocimiento comparte la afinidad por las formas, aquéllas que anudan sentido o aquéllas cuya belleza proviene precisamente por lo difuso y desbordante. Al valor funcional y civilizador de la educación, componente ineludible del desarrollo y de la responsabilidad institucional, agrega la Universidad el valor estético que la educación comporta.

Es curioso que la Universidad de Puerto Rico, nacida con limitados propósitos que la voluntad de los puertorriqueños hizo pronto ampliar, naciera en una finca frutera. A campo raso, con la majestuosidad de la explanada abierta, parecía comunicar nuestra correspondencia con sólo una manera de belleza, con sólo una manera de conocimiento. Situada en una isla la más de las veces -por imperativos geográficos o por voluntariedades políticas- aislada de otros desarrollos culturales, se le asignaron lugares discretos para su palabra y su imagen.

Éramos, a comienzos del siglo 20, una sociedad marcada por el itinerario agrario; sus paisajes y lenguajes percolaban en nuestra literatura y nuestra expresión gráfica. Fue en muchos sentidos la Universidad la que insistió en abrir los catálogos puertorriqueños de experiencia a otros enraizamientos. Como en tantas otras instancias, los puertorriqueños conquistamos el derecho cultural a renovar tradiciones y pergeñar nuevos horizontes y contactos.

Las universidades han sido desde sus tiempos de origen espacios generosos para el arte, para aquél de la palabra, para aquél de la imagen. Por entenderlo así, la nuestra ha dedicado edificios de gran calidad estética para albergar sus quehaceres y su emblemática. Ha levantado museos para importantes acervos que hubieran corrido suertes mercenarias. Ha integrado a sus claustros a creadores o comisionado obras que se instalan en la complicidad de los sentidos con los espacios naturales y edificados de los campus. Ha servido la Universidad como casa del arte no sólo para su población académica sino para los públicos amplios de su entorno.

La literatura en todas sus formas ha encontrado también en los predios universitarios cauces de expresión, valoración y divulgación. En el aforo de los teatros, en la producción editorial, en los currículos, en los circuitos de creación escritural, la palabra literaria -ficcionada o ensayística- constituye gramática de libertades, de diversidad y arrojo crítico.

El auspicio de espacios y condiciones para la creación, la contemplación y el disfrute de lo bello constituye tan parte de la misión universitaria como sus crecimientos en investigación y enseñanza. Como el conocimiento en su sentido más puntual, el arte puede ennoblecer, inspirar, revolver y germinar transformaciones personales y colectivas. Es, inevitablemente, formativo. No en el sentido de estrecha prescripción o de moralismos machacones, sino en su capacidad de avivar el espíritu, de instigar la educación sentimental y sensorial que nos completa. Porque aguza las percepciones y agudiza la reflexión, el arte moviliza utopías de cambio y trascendencia.

Despejemos el ambiente de innecesarios dilemas. Nunca es menoscabo para la Universidad presentarse como casa del arte. Antes bien, es mérito que enaltece la experiencia y espacios de vida y trabajo de los universitarios. Nunca será superflua la forma noble, la palabra hermosamente enhebrada, el diseño en armonía. Integrar más arte e impulsar con intensidad la gestión cultural es propósito institucional prioritario e impostergable. A él debemos abocarnos, con el absoluto convencimiento de que toda buena civilización y toda buena Universidad se funda en el aprecio solícito a sus espacios y valores de belleza.

La Universidad es recinto abierto para los que quieran recorrer sus rutas estéticas y visitar sus colecciones y sus hitos. Y les aseguro que cada una de esas visitas -al libro renacentista iluminado, a la vasija taína, al edificio de buen diseño, a la novela, a la escultura que nos sorprende en el recodo- será única. A pesar de que tal o cual pieza exhiba una autoría individual, la maravilla de la experiencia estética es que produce en el que la contempla una inédita experiencia de apropiación y significación. Combinación extraordinaria de continuidad y renovación, que revalora la cultura como proyecto ilimitado, nunca en clausura.

En este volumen, una muestra del estupendo patrimonio universitario se presenta para ser recorrida, como primicia para algunos, redescubrimiento para otros, deleite para todos. Todas las piezas remiten a períodos específicos, a estilos y tipologías particulares, a contextos culturales y políticos; nos refieren a conceptos e ideas, a modas y movimientos. Este libro no se ocupa de analizarlas desde esas categorías aunque seguramente instigará en muchos de sus lectores el afán de ubicarlas y apreciarlas desde aquéllas y otras muchas coordenadas. El propósito es más bien apreciarlas como objetos de belleza, productos de la imaginación, el trabajo y la inspiración de creadores propios y ajenos que la Universidad acoge.

Muchos son los recorridos posibles del espíritu y de los sentidos. Hemos labrado aquí uno donde se trenzan imagen y palabra. Comenzando nuestro segundo siglo universitario, esta muestra, como se ha dicho del arte en su conjunto, es promesa de felicidad.

PRESENTACIÓN

HÉCTOR FELICIANO

Sencillamente, podríamos comenzar a definir la visita que realizaremos como si se tratase de acudir a un lugar a ver, a mirar, a observar. Ese es el simple objetivo que me he propuesto en este singular viaje por algunas de las excepcionales obras coleccionadas por la Universidad de Puerto Rico desde su fundación hace cien años.

Toda visita se efectúa a partir de lo que sabe el visitante, pero, naturalmente, la conforma, secretamente, lo que éste ignora y desconoce, sus propios límites. No seré la excepción a esta humana regla.

No soy más que alguien que mira. No soy crítico de arte, ni pretendo serlo. No profeso ninguna teoría del arte, ni defiendo posiciones estéticas. Soy sólo un visitante que gusta del arte. La Universidad de Puerto Rico me ha pedido que visite y comente esta selección que han realizado de las obras de sus colecciones, al cabo de sus cien años de existencia. Mis comentarios vendrán naturalmente, al son que fluyan.

Deseo cerciorarme, más que nada, de que el trayecto que perseguiré entre las obras incitará a otros a ver, a convertirse igualmente en visitantes, a admirarlas, a criticarlas, ya sea por rebote natural, o por oposición, a las observaciones realizadas o ideas que formule yo durante este condensado recorrido.

Sólo me ceñiré a una obligación que consistirá en visitar la trayectoria del arte de Puerto Rico cronológicamente para obtener una saludable visión de conjunto.

Aquello que sorprende, a primera vista, de las quince diferentes colecciones aquí reunidas es, claro está, el signo de la heterogeneidad bajo el cual se han agrupado. Una mirada superficial clasificaría a esta vasta reunión de obras como un reguerete desatinado, desigual, incapaz de rezumar ningún sentido.

Es cierto que encontraremos aquí, en una mezcolanza única, pinturas, dibujos, grabados, fotos y carteles de artistas puertorriqueños y extranjeros además de esculturas, de santos de palo, de objetos indígenas, de objetos egipcios y de manuscritos.

Y, los períodos de creación de las obras cubren, disparmente, un abanico que comienza con el siglo XVI antes de nuestra era, en Egipto, y concluye en el siglo XXI de la nuestra, en Puerto Rico.

Pero, en la desigual diversidad de estas obras yace su inusitada riqueza, necesaria y esencial, pues el particular trayecto de estas colecciones universitarias ha impregnado a los objetos que la componen con una rica pátina compuesta por la mezcla de múltiples criterios.

Porque no se trata de una uniforme colección generalista de un solo museo, reunida por un solo conservador o conservadores afines, que hubiesen compartido, por años, criterios estéticos, gustos, ocio y un estable presupuesto. Tampoco el conjunto traduce la visión y la sensibilidad particulares de un solo coleccionista, que hubiese recreado un mundo a imagen y semejanza de su fuerte personalidad.

Estas colecciones forman, más bien, la historia del acopio generado por una universidad que fue, desde su creación, y continúa siendo, el centro de cultura más importante de Puerto Rico. Esa misma característica diversa le imparte su interés al conjunto de piezas, pues nos obliga a buscarle su propio sentido, que, ya se dijo, no es evidente.

Es el propio carácter abiertamente universalista, necesariamente amplio de espíritu, múltiple, de una universidad pública el que ha permitido acoger estas ricas colecciones variopintas sin un motor o directriz principal.

Las colecciones tienen, antes que nada, la excepcional ventaja de que nos permiten atravesar casi veinte siglos de arte de Puerto Rico, descubriendo y apreciando cronológicamente la amplitud del arte de la isla, el de nosotros los puertorriqueños, actuales pobladores, fruto de varias mezclas de culturas, y, también, las artes primeras de los indígenas que nos precedieron y formaron; desde el siglo III de nuestra era hasta este presente, en el siglo XXI, calificado, de forma acaso excesiva, de posmodernista.

A los cien años, la Universidad posee una de las colecciones de arte puertorriqueño, ya sea pública o privada, más vastas y más significativas del país. Junto a la importante colección del Instituto de Cultura Puertorriqueña, la de la Universidad, que percibiremos, a grandes rasgos, en las fotos que siguen, podría servir de semilla o de núcleo de algún soñado museo de todo el arte de Puerto Rico.

Una de las primeras felices observaciones que podemos realizar es que estas colecciones yuxtaponen las obras de las artes primeras de Puerto Rico con las del arte contemporáneo como si fueran un continuum. Y lo son.

El sentido de la visita se nos ofrece, pues, con toda naturalidad, como un hilo conductor que nos ata y nos guía, con más o menos fuerza, con mayor o menor sentido, a través de tantos siglos. Así, gracias a lo acumulado por la Universidad en los numerosos cuartos y salas de sus edificios, tenemos la gran posibilidad de poder comenzar, como se debe, por el principio mismo de nuestra historia del arte.

Lo evidente nos explota ante los ojos: las primeras obras de arte creadas en la isla son ejecutadas por indígenas, y nos llegan de un pasado que, a pesar de sernos desconocido y remoto, podemos, afortunadamente, apreciar hoy en las excepcionales colecciones de la universidad (páginas 5 a la 24).

Los primeros artistas y artesanos prehispánicos de Puerto Rico florecen en la isla a partir del siglo III de nuestra era y continuarán produciendo hasta bien entrado el trágico período de la conquista en el siglo XVI.

¿Cómo sociedades limitadas como las indígenas podían producir cantidades de obras artísticas que requerían, antes que nada, tiempo libre? Nuestros predecesores conocen la agricultura y la pesca, lo que les permite establecer un armónico y estable vivir diario que originará el tiempo sin organizar que los llevará a la especialización. Pues todo arte se crea con la materia del tiempo, que, tarde o temprano, desemboca en la pericia, fundada en la experiencia, en alguna creencia y en el incesante trabajo. Así nuestros indios desarrollan con maestría la alfarería, el difícil arte de la talla de la piedra y la madera y otros tipos de oficios artísticos.

Son estas variadas culturas indígenas -las pretaínas y la taína-, cabe recordarlo aquí, las que, junto a la africana -en su aspecto musical, oral, culinario, visual-, conformarán las dos vertientes no occidentales de las tres que forman la cultura puertorriqueña de hoy.

Resguardadas en el discreto semisótano en el que se ubica el Centro de Investigaciones Arqueológicas del recinto de Río Piedras, las piezas indígenas pretaínas -procedentes de las culturas saladoide, de La Hueca, de ostiones- han sido raramente admiradas por el público. Ordenadas sobre anchas mesas y anaqueles metálicos, en los reducidos locales se encuentran, según los arqueólogos, más de cincuenta mil piezas enteras y fragmentos, entre los cuales hay dos mil pequeños amuletos en piedras semipreciosas.

Cantidad suficiente, si estas miles de piezas, junto con las taínas, fueran mostradas simultáneamente en un lugar común de exposición permanente, para transformar y trastocar, radical e insospechadamente, la concepción que nos hemos creado los puertorriqueños de nuestros antepasados indígenas. Ideas éstas que hoy se hallan muy prescritas y cómodamente establecidas y arraigadas al nivel de toda nuestra mentalidad e identificación como pueblo.

La observación que salta inicialmente a la vista, al examinar las piezas de nuestros antepasados, es su riqueza y complejidad estéticas. Y, además, que, en su conjunto, la inmediatez, estilización y sencillez de las imágenes, figuras y diseños de la estatuaria y la cerámica indígenas de Puerto Rico nos recuerdan forzosamente el arte moderno y contemporáneo occidental, y su deseo, consciente e inconsciente, de expresar una mayor subjetividad aproximándose, precisamente, a las artes primeras, a estas obras presuntamente sin reglas de los pueblos primitivos del planeta.

Pero, si algo define a las artes primeras, son las reglas. Con ello en mente nos fijamos en cómo los saladoides, o igneris -establecidos del siglo III al VII en la isla, desde Guayanilla, al oeste, hasta Vieques, al este-, trabajaban la cerámica (páginas 5 a la 8).

En el elaborado campo de la alfarería son estos primeros pobladores los que, de todas las culturas indias de la isla, la desarrollan con mayor complejidad, empleando el modelado manual de variadas formas en sus recipientes, a la vez que aprenden a pintar y contrastar las superficies, con sus característicos colores blanco, rojo y anaranjado.

Sus artistas aprovechan plenamente estos nuevos conocimientos y procedimientos del oficio en la ejecución de vasijas rituales.

Así podemos apreciar claramente parte del detallado diseño de color blanco que decora la vasija de forma campanular reproducida aquí (páginas 6 y 7). Éste representa lo que parece ser una faz humana o animal -acaso un múcaro-, concebida en forma de diamante. Al aproximarnos, descubrimos fácilmente los ojos, la nariz, en forma de reloj de arena, una ancha boca de finísimos labios y un gaznate o garganta definidos por una sencilla línea vertical central, rasgos estilizados todos y creados por el artista utilizando con sencillez el contraste con el fondo de color rojo del propio recipiente.

La enorme escasez de conocimientos directos que padecemos sobre los detalles de la vida diaria y las creencias de los indígenas en general nos lleva siempre a deducciones parciales a partir de las interesantes figuras que observamos.

Una vasija baja de boca amplia, igualmente bicromada, delata así un diseño vegetal repetitivo creado, nuevamente, por contraste, y que probablemente reproduce alguna flor, planta, hoja o cáñamo comunes del Puerto Rico de aquella época (página 5).

A la misma cultura saladoide desaparecida pertenece también el exquisito recipiente esferoidal con diseño inciso bicromado (página 8). De un natural color anaranjado, su ceñida forma y finas paredes recuerdan la cerámica del arte indígena de México. La sencilla banda que decora la parte superior de la vasija se efectuó aplicando el color blanco alrededor del cuello del recipiente y diseñando una ronda de concatenadas abstracciones en forma de espiral. De nuevo, los artistas saladoides emplean el fondo rojo como contraste, por medio de incisiones en la superficie misma del envase. Dada la poca información que poseemos, no podemos afirmarlo con toda seguridad, pero los diseños en espiral, aunque parezca tratarse de un dibujo magníficamente geométrico y moderno, pueden haber tenido algún significado concretamente ritual en la imaginación visual saladoide.

Al observar otras obras de la misma época en la colección de la universidad, es sorprendente constatar que la sobria forma de tres puntas de los conocidos cemíes la encontramos en Puerto Rico, al menos, desde esta época que data del siglo III -realizados en caracol- hasta la cultura taína y la llegada de los españoles en 1493. Es enigmáticamente excepcional, si su perpetuación se confirma, que una forma artístico-religiosa pueda conservarse durante tantos siglos de una cultura a otra y que guarde prácticamente intacta la silueta.

El arte de aquellos primeros pobladores de la isla está vinculado estrechamente a sus creencias religiosas. Escribir y comentar sobre estas obras huérfanas de documentación presenta, pues, una serie de dificultades, semejantes a un trabajo detectivesco o a una carrera de obstáculos del conocimiento, para lograr apreciar el pasado artístico del país.

Entre los sucesivos escollos encontramos que existe una total carencia de información directa sobre el contenido específico de la imaginación y de las creencias de los indígenas pretaínos; y que, aún más, no poseemos información suficiente para separar las obras por sus estilos y períodos históricos o por el cambio en los estilos, pues las ignoradas fechas de su ejecución son precisables sólo a grandes rasgos.

La situación en la que nos colocamos hoy ante estas piezas es comparable a la de un admirador de un olvidado crucifijo o cáliz ricamente labrado que desconociera todo sobre los ritos, las funciones, los símbolos, el fervor y la teología del catolicismo, viéndose obligado a deducir toda información sobre el lindo objeto por medio, exclusivamente, de su observación y de su pensamiento.

Es en este sugerente terreno virgen, donde persisten vastas lagunas que, armado de gran sobriedad para no ahogarse en ellas, se adelanta uno a proponer explicaciones sobre el significado preciso de estos objetos, las formas y los diseños utilizados o los colores que los animan.

Se sabe hoy, con suficiente convicción, que tanto los dibujos, como los símbolos y, acaso, las formas y hasta el propio empleo de colores en la cerámica indígena poseían un sentido y motivos religioso y ritual.

Es cierto que podríamos seguir elaborando equivocadamente, y hasta el desacertadísimo disparate, el significado real del arte indígena. Pero, a pesar de que desconocemos aún los motivos y detalles de su ejecución, no podemos dejar de constatar que estos objetos enigmáticos, a decenas de siglos de distancia del insospechado Puerto Rico de hoy, no cesan, por medio de su belleza, de atraernos, de interrogarnos y de incitarnos a hablar.

La talla en la cultura de La Hueca, otro asentamiento aborigen ubicado al suroeste de la isla de Vieques, cobró mayor importancia que entre los saladoides, ya que aquellos pobladores trabajaban diversos tipos de piedras, además del hueso, la concha, la madera y el nácar.

Labraban, delicadamente, y en grandes cantidades, miniaturas y pequeños objetos zoomorfos, representando en estas obras a gran parte de la fauna circundante; no sólo batracios y pájaros, sino también murciélagos y tortugas.

Pero, sorprende, sobre todo, el que se hayan localizado en las excavaciones numerosos objetos tallados en piedras semipreciosas -como la amatista, la turquesa, la jadeíta, la cornalina- que existen sólo en el continente suramericano, a cientos de kilómetros de distancia de la Isla Nena.

Los arqueólogos del Centro de Investigaciones Arqueológicas del recinto de Río Piedras de la Universidad de Puerto Rico explican la extraña presencia aludiendo a los necesarios contactos entre los pueblos del Caribe y, por lo demás, al fluido comercio entre las Antillas y el continente suramericano.

Con la misma afirmación se interpreta el enigmático hallazgo de figurillas en jadeíta, que acaso sirvieron de amuletos, y que representan un ave de rapiña, con un punzante pico curvo, que sostiene en sus garras una cabeza humana (página 10). Al igual que en otras figuras ya observadas, la estilización zoomórfica recuerda mucho el arte creado por artistas de nuestro tiempo

La imagen principal de este expresivo objeto podría representar algún ave local o, más sorprendentemente, un cóndor. A pesar de que esta legendaria ave es oriunda de la lejana cordillera de los Andes, los arqueólogos del Centro argumentan su extraordinaria presencia figurativa en las Antillas apoyándose en el ya mencionado trueque de objetos entre pueblos indígenas.

 El excepcional descubrimiento de cuentas talladas en amatista y de una reducida figura en la misma materia, que representa probablemente una rana, es de gran interés estético (página 14).

El singular y traslúcido color malva de estas piezas, algo nunca o rara vez visto en el arte prehispánico puertorriqueño, y el estilo contemporáneo del corte de las cuentas hace pensar, más bien, en la joyería occidental influida por el movimiento de artes decorativas de los años veinte y treinta. Como sabemos, éste tomó su inspiración en el Egipto faraónico, en las artes primeras africanas y también en el cubismo, y utilizaba simultáneamente el ángulo y el redondeado en sus líneas, levemente semejante a las cuentas indígenas aquí descritas.

Igualmente, podemos advertir en la misma ilustración una figura batraciforme en miniatura -una rana o sapo-, acaso utilizada como amuleto y tallada, igualmente, en amatista.

Ejecutada, a pesar de su reducido tamaño, con delicado y sugerente realismo, las mesuradas partes del cuerpo del animal se encuentran en posición de reposo, con las patas y las ancas recogidas.

No conocemos, con certeza, la función de las centenares de cuentas indígenas halladas, aunque se sugiere que pueden haber formado parte de los adornos corporales con valor ritual de las poblaciones de La Hueca.

Una serie de veintisiete menudas figuras de La Hueca, realizadas en jadeíta, repite el mismo tema de los batracios, que oscilan en tamaños entre el pequeño y el minúsculo (página 15). Aquí nos sorprende el enorme parecido entre cada pieza, tanto en la forma como en el color. La semejanza nos señala el aspecto forzosamente repetitivo de los cánones de todo arte que promueve la continuidad de unas creencias y, además, los límites que impone a la subjetividad artística todo tipo de creación con fundamentos y móviles religiosos.

Sorprende constatar, por lo demás, cómo la época de las artes primeras y nuestra edad industrial -con sus objetos reproducidos maquinalmente al infinito- coinciden, a primera vista, en la repetición de los objetos producidos, una debido a sus creencias y la otra debido a las redundantes exigencias del mercado.

Pero la gran diferencia entre los objetos creados por estas apartadas épocas, y lo que define a unos como obra artística y a los otros como objeto industrial, es el artista que los ejecutó. ¿Quiénes eran estos inalcanzables artistas y artesanos indios que ejercieron su delicado oficio en el Puerto Rico de hace dieciocho siglos? La respuesta es escasa, pues nos vemos reducidos a calificar esta época artística de anónima, como las de todos los pueblos que crearon las artes primeras. Nos encontramos, así, en una situación similar a la de los europeos de hoy, obligados a entender y a admirar el arte de su Edad Media, sin los nombres de los artistas que realizaron sus catedrales y su abundante arte religioso, objeto de un desconocido fervor creativo.

Sobre el mismo divertido tema zoomorfo, la cultura saladoide nos ha legado figuras que representan a ranas o sapos (página 11).

La gran diversidad y número de piezas batraciformes halladas en Puerto Rico apuntan, patentemente, a alguna importancia central de estos animales en las creencias indígenas. Nos llevan a pensar en su amplio uso en la vida indígena cotidiana y en su probable utilización como amuletos o decoraciones corporales vinculadas a alguna clase de pensamiento religioso o mágico. Pero desconocemos ese importante sentido que le habrán podido asignar nuestros indios y, por el momento, nos debemos conformar con admirarlas.

Las ranas y los sapos han sido importantes personajes del imaginario más reciente de los puertorriqueños, incluso hemos entramado una casi cotidiana relación con una de sus variantes locales, el coquí, pequeñísimo anfibio *cantor* tropical inasequible, con el cual parcialmente nos hemos querido identificar, atribuyéndole, con poesía, humor y algo de mito, algunas de las supuestas características nacionales: empedernidamente autóctono, intransplantable, pequeño y, finalmente, al igual que nuestra isla, casi imperceptible a la vista, aunque nunca al oído.

Estas tallas indígenas datan de los siglos I al IV y su larga existencia nos advierte que, quizá, el origen profundo de nuestra propia relación con estos siempre ubicuos animales, que tanto gustan del agua, remonta a muy lejos, siendo, quizá, insondable. Como para remachar el mismo tema, muchos siglos más tarde, los indios taínos representarán -o seguirán representando- a estos animales en su estatuaria y petroglifos, proporcionándole continuidad al mismo tema.

Otro magnífico ejemplo de la pericia y de la calidad visual del tallado aborigen son las cuentas en cristal de roca (página 13). Su presencia causa menor sorpresa, ya que esa materia lapidaria es corriente en la isla, aunque, por razones desconocidas, de poco uso hoy.

Las culturas pretaínas que conocemos desaparecieron, hasta donde se sabe, después de acontecer naturalmente en la historia. Pero, otras ilustraciones de las colecciones de la UPR nos recuerdan el complejo arte de los taínos, los aborígenes más cercanos a los puertorriqueños de hoy, cuya historia obedeció a un destino catastrófico (páginas 17 a 24).

Los taínos, un pueblo pacífico y acogedor, cometieron un único, involuntario error, que se repite en la historia del país hasta el día de hoy: haberse encontrado en primera línea del trayecto de fuego de los conquistadores.

Está comprobado que la llegada en 1492 de los españoles a las Antillas trunca y detiene en plena floración y desarrollo a la cultura taína. El maremoto social y cultural que significó la conquista la desvía, la encuadra y la utiliza para sus fines propios -que eran comerciales y religiosos-, desarticulándola y haciéndola prácticamente desaparecer en sólo unas décadas.

Este trastrocamiento irreversible dislocó su compleja forma de vida y nos legó una sucesión concreta, pero con muy pocos conocimientos directos sobre ella. El gran vacío de entendimiento que existe hoy se debe a que, a fin de cuentas, los taínos nos dejaron, por causa de su rápida aniquilación a manos de los conquistadores, esencialmente huérfanos de su historia.

A la vez que nos entregaron un extraordinario mundo cultural que incluye una herencia evidentemente genética, objetos de arte, mitos, imágenes, signos y artefactos, usos, instrumentos de música, alguna comida, varios centenares de topónimos y palabras -de los que la mayoría de los puertorriqueños desconocemos su significado-, nos cedieron un mundo mudo, sin respuestas inequívocas a las grandes interrogantes y enormes preguntas sobre su significado.

Aún más, la interrogante central que padecemos es que no sabemos cómo se llamaban a sí mismos. Al igual que la designación *indio* desembarca en el Nuevo Mundo con los conquistadores, que creían haber anclado en las Indias, el término *taíno* llega, igualmente, con los españoles, cuando los indígenas los acogen indicándoles que son taínos, que en su idioma significaba *buenos* -los que no eran guerreros-, en aparente contraste con los fieros habitantes caribes de las islas vecinas.

Si la historia no hubiera acaecido como lo hizo, si conociéramos bien cómo se llamaban a sí mismos, si supiéramos quienes fueron, cómo pensaban y perpetuaban sus costumbres, cómo pronunciaban exactamente su idioma, si reprodujéramos fielmente en la isla hasta el día de hoy parte de sus tradiciones, no tendríamos ese importante -y, acaso, sencillo- enigma que resolver, ese rompecabezas nacional que juntar, esas piezas y huellas que rastrear -como detectives culturales- con mitologías, ritos, secretos y estéticas que deducir a partir de huellas mínimas, para intentar saber qué significaban. Y, hasta ahora, para descifrar y, finalmente, apreciar su arte hemos dependido más de los antropólogos y de los etnólogos, conocedores de la mitología y de la cultura taínas, que de los historiadores del arte o de artistas conocedores, como ocurre ya en otros países con sus artes primeras.

La aproximación a las culturas fundadoras de un pueblo es siempre difícil. Al adentrarnos en las historias nacionales de otros países sorprende el gran parecido con la nuestra en lo que respecta a sus antepasados ausentes. De muchos de los pueblos fundadores se poseen escasísimos datos concretos y se carece de sólidas fuentes inmediatas y fiables de documentación. Al indagar, resulta que las fuentes primarias, en las que se basa la historia transmitida, nunca fueron directas sino meras deducciones etnológicas o dependientes de cortas descripciones escritas, casi siempre realizadas por algún extranjero a la propia cultura. De ese modo, la aproximación a esas culturas fundadoras del pasado es, pues, difícil.

Ha ocurrido así en Francia con los galos, en Inglaterra con aquellos que erigieron el conjunto megalítico de Stonehenge, con la cultura etrusca en Italia, los iberos en España e, igualmente, con las culturas prehispánicas del continente latinoamericano.

La cultura taína se encuentra entre éstas. Un primer y único escrito encierra los fundamentos de lo que sabemos hoy sobre los taínos antes de su desaparición como pueblo. Se trata de una reducida *Relación acerca de las antigüedades de los indios*, escrita hacia 1498, por un monje catalán, Fray Ramón Pané, que, probablemente, dominaba mal no sólo el idioma de los indígenas sino también el español en el que escribía.

Obedeciendo a Colón, que le encomienda vivir con los habitantes de la Española para *saber y entender las creencias e idolatrías de los indios*, el monje se convierte en el primer europeo en aprender una lengua de América, en el primer cronista del Nuevo Mundo, y en una suerte de protoetnólogo. En su precursor relato, Pané traduce y transcribe, mal que bien, lo que observa, escucha o narran los indios, dándole, por vez primera, forma escrita a su mitología, su religión y sus costumbres.

Pero el manuscrito original del monje se extravía antes de llegar a publicarse. El escrito viene, pues, a aparecer ante nuestros ojos en español, sólo como producto indirecto y alambicado de varios tamices sucesivos y no perfectamente fiables. El primer filtro ocurre, claro, entre el idioma que utilizaban los taínos y el español, por lo demás limitado, de Pané; los otros cedazos incluyen un resumen del manuscrito español al latín que data de 1500, unos extractos recogidos por Bartolomé de Las Casas y una traducción al italiano de mediados del siglo XVI, con impagables palabras taínas italianizadas. La última versión, la que conocemos hoy, es la retraducción y combinación de todas las anteriores al español -con todo lo que se habrá perdido en el trayecto- por el gran antropólogo cubano José Juan Arrom.

Así, el texto descriptor y fundador que da fe con ojos occidentales de la vida de los taínos en el momento de la Conquista española no fue nunca ni *puro* ni *perfecto*. Su origen -transcripción y traducción- y complicada trayectoria son como metáforas anunciadoras de lo que es nuestra cultura y la de los demás países del Caribe y de América. Esa génesis cultural -felizmente *mezclada* para unos, desgraciadamente *adulterada* para otros- habrá viajado por medios indirectos para llegar hasta nosotros.

Entender las artes primeras de Puerto Rico, tanto las de los taínos como las de las otras culturas indígenas, presenta, pues, numerosos obstáculos. Si poco se sabe de los indígenas pre-taínos, apenas poco más se sabe de los taínos. La herencia más concreta que estos pueblos han dejado a sus descendientes ha sido los bellos objetos que crearon, y nos toca a nosotros el saber más de ellos y el comentarlos.

El arte en el que descuellan los artistas taínos será la talla, pues son grandes y refinados trabajadores de la piedra y de la madera. No es excepcional su técnica de la elaboración de la cerámica, si la comparamos con aquellas desarrolladas por las culturas saladoide y huecoide.

Acaso los objetos de mayor importancia en la jerarquía religiosa taína eran aquellos que representaban a los cemíes o divinidades; y, de éstos, el género más conocido es el de las piedras de tres puntas o trigonolitos (páginas 20, 21 y 22).

Puesto que se trata de objetos eminentemente religiosos de los que se ha deducido que representan imágenes relacionadas con el importante *Yucahuguamá* -el Señor Grande de la Yuca, deidad principal de la fertilidad y la creación, responsable de hacer nacer la yuca, el alimento básico de la cultura taína-, los artistas indígenas reproducirán en estas piedras figuras centrales de su mitología. En el ambiente isleño rodeado de abundante naturaleza estas variadas imágenes antropo y zoomorfas le otorgan poderes divinos a la piedra tallada pues, según la información que nos ha llegado hasta hoy, los taínos empleaban estos cemíes en determinados ritos agrícolas, enterrándolos en sus plantíos, convencidos de que obtendrían así buenas cosechas.

Surge a la vista que los artistas taínos intentaron mezclar la estilización de sus figuras con el realismo. El primero de los cemíes que observamos fue tallado en mármol y, en la ancha boca en la punta izquierda, se ha incrustado un pedazo de concha con meticulosas incisiones que intentan imitar una dentadura y aumentar el parecido con un animal real de figura estilizada, probablemente un manatí o una serpiente (página 20). A pesar de que los siglos han alisado la superficie del cemí y que sus líneas y contornos se han desdibujado, se puede distinguir, en la punta opuesta a la cabeza, la parte posterior del cuerpo del animal; en el estático vértice se observa ya sea la joroba del tronco del manatí, una serpiente enroscada -coronada acaso por la propia cabeza del reptil- o, símbolo de la fertilidad, la punta de un seno de mujer.

En el interesantísimo cemí siguiente observamos la mezcla corriente, en una misma pieza, entre figuras de inspiración humana y animal que se encuentra en todo el arte taíno (página 21). En la punta izquierda distinguimos un rostro antropomorfo de boca abierta. Si continuamos con la vista hacia la derecha, advertimos que se trata de una extraña figura acostada, con los largos brazos extendidos hacia adelante hasta el rostro y las pequeñas piernas, en relieve, plegadas y como apiladas en la punta derecha. Además, el artista ha utilizado el vértice del cemí, para presentar una figura zoomorfa en movimiento, la cabeza de una rana -pues reconocemos la ancha boca y los ojos-, que, como si surgiera del otro cuerpo, se lanza o abalanza hacia arriba.

La técnica de la talla en piedra utilizada aquí recuerda -sin llegar a serlo- el escorzo o corte de las imágenes que emplea el arte occidental para representar figuras tridimensionales en superficies planas creando perspectiva y profundidad. Es como si, en un intento de estilización, las figuras de los cemíes hubiesen sido forzadas a doblarse incómodamente para entrar en la piedra, como dentro del fuelle cerrado de un acordeón, en vez de habérselas tallado con el cuello, el tronco y las extremidades debidamente extendidas.

Con la figura antropomorfa tallada en esta piedra nos viene a la mente una simple asociación visual libre -sin el más mínimo significado histórico, pues no pueden existir puentes de influencias o de polinización artística entre ambas- con las gárgolas que decoran las catedrales medievales europeas. La plegada posición contrahecha de la divinidad, la boca ancha y abierta, las grandes orejas, la intención atemorizante del icono nos las recuerdan.

Como observadores de arte, es importante indicar que las figuras del arte indígena se hallan siempre en situaciones y posiciones muy precisas y codificadas -acostadas, acuclilladas, sentadas-, pues además de transmitir creencia, tradición y belleza generan información sobre a quiénes representan. En un mundo que no posee la escritura, esta función comunicativa es de suma importancia. En las artes indígenas todo tiene un significado: unos brazos extendidos a los lados del cuerpo, las manos sobre las rodillas o atadas describen y explican, a la vez, el significado y uso de la pieza. En ese sentido el arte taíno no es diferente del arte medieval cristiano dirigido hacia los creyentes analfabetos, en donde un cordero situado en los brazos o al lado de la figura de un hombre representaba a San Juan Bautista.

Otra característica ignota del arte prehispánico puertorriqueño, digna también de anotar, es la importante representación de la boca en toda su estatuaria e iconografía (página 22). Tanto en figuras antropomorfas como zoomorfas, la boca de éstas, frecuentemente, se reproduce de forma prominente, amplia y abierta. A menudo la boca recuerda la ferocidad, otras veces las fauces de la muerte. Pero, habría que considerar si para los taínos una boca abierta significaba lo mismo que para nosotros hoy.

Seguramente el significado de la forma de la boca, probablemente de una asombrosa sencillez si lo supiéramos, está vinculado al sentido mítico de la deidad que representa. Como sabemos, los taínos desaparecieron antes de que hubiéramos conocido bien las creencias elementales de su vida, pero esto no impide que, a contrapelo del manifiesto de certidumbres que representa para algunos la historia del arte, mantengamos la observación como una interrogante abierta, ya que, por el momento, no sabemos más.

Además de dominar la talla en piedra, los artistas taínos ejecutan obras en todo material accesible en su entorno, como la madera, el hueso o la concha. Se cree igualmente que algunos de los artistas eran los propios bohíques, o brujos taínos, que participaban en la elaboración de algunos de los objetos, para uso, naturalmente, religioso y ritual.

Así, uno de los artefactos ceremoniales más admirados hoy como obras de arte son los dujos o duhos (página 23). Ciertamente producto de una larga experiencia y reflexión en su diseño y construcción, esta creación de los artistas mobiliarios taínos integra estrechamente la representación y encarnación de la mitología taína con una suerte de ingenioso utilitarismo ritual.

Los taínos poseen un magnífico temperamento de artistas y su inteligencia innovadora ha hecho de la figura y el asiento una y la misma cosa, utilizando las cortas patas de la figura y su cola como apoyo estructural y espaldar inclinado, respectivamente.

Este asiento bajo tallado en madera, confeccionado, con gran destreza, de una sola pieza de la dura madera del guayacán, representa la figura de un ser mitad hombre, mitad animal, al cual se le han decorado los ojos y los oídos con incrustaciones en oro.

Probablemente los duhos representaban el punto culminante del arte taíno, pues eran el máximo signo de poder en la cultura y sólo los caciques, los nitaínos o nobles y bohíques podían utilizarlos. Se acostumbraba su uso durante el juego de pelota y en el rito central de la aspiración del polvo llamado cohoba, por medio del cual el cacique o el bohíque, apoyados en el duho, caían en trance y se comunicaban con los dioses.

El conjunto de estos curvos muebles es de una gran armonía, pero desconocemos soberanamente el significado de sus numerosas representaciones. Se cree, sin embargo, que las figuras están vinculadas a Maquetaurie Guayaba, el señor que rige en Coaybay, el mundo de los muertos. José Juan Arrom y otros estudiosos deducen que los brazos o patas anteriores del duho emplean como decoración las cintas tejidas que los propios indígenas se colocaban en los brazos. Agregan que los signos inscritos en las especie de hombreras encima de éstas representan a sapos -figura común, como hemos dicho, en el imaginario indígena y puertorriqueño- o arañas.

Las líneas de los diseños, las abstracciones inscritas y los dibujos en el mueble son de una gran precisión y belleza. Si miramos de cerca, en la parte superior del espaldar, se pueden observar tres círculos contiguos, acompañados de estrías y líneas, que se repiten como un mismo patrón en muchos duhos, pero de los que, desafortunadamente, se desconoce el significado.

Los duhos son el mejor ejemplo de un bellísimo objeto creado por artistas con motivaciones y propósitos esencialmente religiosos, que el espectador moderno puede apreciar, por su valor estético, como arte puro, a pesar de que desconozca su verdadero sentido religioso.

Los aros líticos son otros de los objetos heredados con sus enigmas. El Museo del recinto de Río Piedras posee la colección más importante de estos aros, unos cincuenta (página 18 y 19). Su uso es desconocido, aunque se cree que se empleaban en el juego ceremonial de pelota, acaso como cinturón.

Ejecutada en roca ígnea, esta pieza presenta, al igual que en los duhos, una variedad de figuras y abstracciones geométricas. Pero, fijémonos, antes que nada, en la lisura de la piedra. El fino trabajo de la talla ha consistido en crear un gran agujero en el centro de una piedra y en desbastar una parte del aro resultante, creando una más gruesa que la otra en la que se ubicarán las figuras.

En esa parte del aro, una línea horizontal divide el campo superior e inferior de lo representado. En la sección superior, en relieve, advertimos dos pequeños pares de figuras acostadas o acuclilladas. Éstas reproducen, probablemente, la imagen de Boínayel -el Hijo de la Serpiente Parda-, divinidad gemela relacionada con las lluvias. Si nos fijamos atentamente, observaremos que las cabezas de cada uno de los pares de gemelos se encuentran en lugares simétricamente opuestos, aunque cada par comparte los pies.

En la sección inferior se observan varias incisiones hechas en la piedra, en forma de diseño entrelazado o solapado, que podrían recordar el trabajo de la mimbrería. Su verdadero significado, como mucho del sentido concreto de la cultura taína, nos es desconocido.

Es importante detenernos ahora ante tres verdaderas joyas de las artes primeras puertorriqueñas que tenemos la gran suerte de contar entre la extensa colección de arte indígena del Museo de Historia, Arte y Antropología de la UPR (ilustraciones 1, 1a y 2).

Se trata de tres cemíes relacionados con la fertilidad. Las exquisitas estatuillas -talladas las dos primeras en hueso y moldeada en barro la segunda- representan figuras femeninas: acaso mujeres embarazadas, parturientas o justo después de dar a luz.

Comparadas con las piezas taínas anteriores, son éstas de reducido tamaño y se cree que formaban parte de algún ritual ejecutado en el momento del parto.

Sorprende, ante todo, su exclusivo, estilizado realismo, pues las tres reproducen una imagen enteramente humana, el cuerpo de una mujer, al contrario de las extrañas mezclas biológicas a las que nos han acostumbrado hasta aquí los artistas taínos.

Las dos figurillas en hueso se han agrietado con el tiempo y mucho de su contorno se ha borrado. La compacta estatuilla en barro cocido, debido a la propia fragilidad del material, ha perdido la cabeza y las piernas, pero, si nos fijamos en el crecido vientre de ésta, concordamos en que representa a una mujer embarazada.

Las estatuillas nos hacen recordar, también, a cierto arte primero occidental. Las de hueso serían comparables con las estatuillas griegas de otro archipiélago, el de las islas Cícladas, de talla sencilla en mármol, aunque en dimensiones mucho mayores. Y son comparables no sólo por sus líneas abstractas, sus sencillas e inmediatas formas, su espontánea hechura, sino también, porque son obras que tratan igualmente el mismo presunto tema, la mujer y la fecundidad. Los antecesores de la gran civilización griega las enterraban en las tumbas de sus muertos. Con sus evidentes senos, y los brazos cruzados, como las nuestras, yacían, también, acostadas. Asimismo, este arte prehistórico griego depende para su interpretación de fuentes, como el de los taínos, igualmente escasas. Son ambos artes realizados por pueblos poco conocidos, que nos han dejado al garete, en este presente, en nuestro intento de conocerlos.

Claro está, no hay parentesco directo entre estas exquisitas piezas, excepto el obviamente humano, pues el de las Cícladas es un arte que proviene de una era mucho más antigua que la taína -datan del tercer milenio antes de nuestra era- y, además, fueron ejecutadas en otro mar mitológico distante miles de kilómetros del nuestro.

Las estatuillas taínas -sobre todo la ilustración 2- nos recuerdan, también, por su bien determinado anonimato, su compacta forma, sus suaves y rotundas curvas, su delicado modelado, el arte moderno; sobre todo, a las esculturas entradas en carnes y las figuras de los lienzos del Matisse *fauvista* o, más aún, a los recortes en papel de figuras femeninas que el artista francés realizó en la década de los 40 y los 50 y su serie sobre el jazz.

Además, como afirma el propio Arrom, la tercera figura taína -que posee la cálida textura que sólo aporta el barro cocido-, recuerda, entre otras, a la conocida Venus de Willendorf. Esta obra maestra del arte prehistórico europeo se encuentra en el Museo de Historia Natural de Viena y data de hace veinticuatro mil años. Fue tallada en piedra caliza y mide 11.1 cm. La Venus europea, al igual que la Venus taína, ambas de formas macizas, abombachadas, abultadas, nos hace pensar en el símbolo de la fertilidad, en la buena salud y en el sentido abstracto de la redonda naturaleza que sigue reproduciéndose.

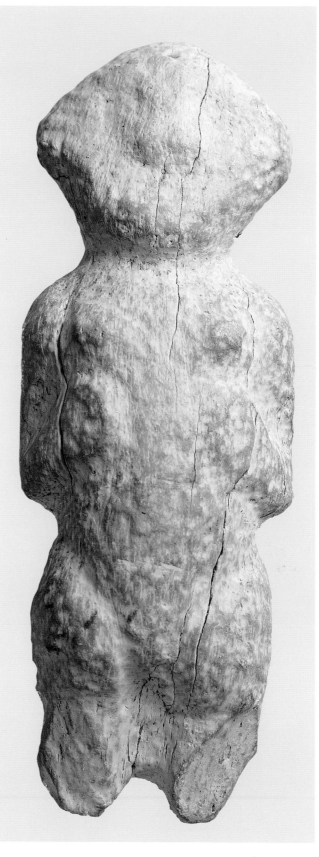

Ilustración 1

Ilustración 1a

Ilustración 2

El lector de este texto me podría preguntar, ¿por qué detenerse tan largo tiempo y tan cuidadosamente en nuestra visita de las colecciones de la UPR para observar y comentar el arte de los indígenas de Puerto Rico? Echando a un lado mi propia fascinación por los previos y libres pobladores de la isla, las respuestas que encuentro son las siguientes.

Gracias al acceso a lo acumulado por la universidad en sus cien años de existencia, nos encontramos ante la rara oportunidad de admirar lo que es un hecho desconocido para muchos puertorriqueños: que poseemos una de las mejores colecciones de arte prehispánico antillano del mundo, admirada y envidiada por los grandes museos de artes primeras de América y de Europa.

Y puesto que se trata de nuestras artes primeras y que, por alguna extraña razón, existe tan abundantemente poco escrito sobre ellas, creí necesario comenzar a intentar entender ese arte que, inexorablemente, es el nuestro. Es preciso, por razones obvias, y como ya lo han logrado otros países, hacer espacio, integrar e incorporar, de pleno derecho, ese patrimonio artístico a nuestra vivencia y a nuestra historia del arte.

Para que esto ocurra es necesario, primeramente, admirar esos objetos y experimentarlos como obras de arte y no solamente como artefactos arqueológicos; también, observarlos, entenderlos y establecerlos, en la medida de lo conocido, dentro de su historia, sus estilos y su oficio.

No todos los pueblos poseen mezclas tan inesperadas y sincretismos culturales tan productivos como el nuestro; no todos los países pueden darse el lujo de no tener conflictos permanentes en su imaginario nacional con su pasado indígena; no todos comparten elementos indígenas con los que una parte de la población se identifica, aunque sea parcialmente. Así, considero que debería ser motivo de gran interés la comprensión y el entendimiento de estas obras no sólo por los especialistas, sino también por los aficionados al arte y los artistas puertorriqueños.

El arte indígena, querámoslo o no, es la primera manifestación de la creatividad -ese gran y necesario quehacer humano- en Puerto Rico. Por mi parte, continuaré interesándome en ese arte conmovedor envuelto, a la vez, en asombroso refinamiento y sencillez.

Tras este necesario desvío, continuemos nuestra visita, más de dos siglos después. Dos de los visitantes ilustrados que conocieron el Puerto Rico del siglo XVIII observaron con gran simpatía y detenimiento las costumbres y usos de los puertorriqueños de entonces. Ambos, a décadas de distancia, advierten la destreza que tienen los puertorriqueños de entonces en montar a caballo. De todas las pericias hípicas les atraen particularmente las habilidades de las amazonas puertorriqueñas. Así, en 1778, Fray Íñigo Abad admira cómo las mujeres de la isla, armadas de espuelas y látigos, montan a caballo *sentadas de medio lado y con destreza y desembarazo extraordinario.*

Otro viajero, el naturalista francés André-Pierre Ledru, queda impresionado con las destrezas femeninas a caballo, convenciéndose de que son superiores a las de su tierra: *Dudo que nuestras bellas de París puedan disputar con las amazonas de Puerto Rico en el arte de manejar un caballo con tanta gracia como atrevimiento.*

Ledru, que visita la isla entre el 1797 y el 1798, recordaba ciertamente a las elegantes parisinas del Antiguo Régimen y la era revolucionaria paseándose en sus igualmente elegantes caballos, para ver y ser vistas, en el París de entonces.

Pedreira mismo, en su *Insularismo*, considera esa manera particular del manejo del caballo en el siglo XVIII *una manifestación iluminada del alma nacional*.

Campeche, el más destacado de los pintores del dieciocho puertorriqueño, fue uno de los mejores retratistas de su época. Nos ha dejado una suerte de instantánea de ese arte hípico isleño, y del gusto local por adornar atractivamente las monturas, en tres magníficos retratos ecuestres. En todos, los jinetes representados son mujeres. Y uno de ellos, *Amazona o Dama a caballo*, pequeño óleo sobre madera de caoba, pertenece, entre otras obras por el mismo pintor, a la colección del museo del recinto de Río Piedras (página 29). Contemporáneo de las observaciones emitidas por los extranjeros mencionados, el cuadro fue realizado en el año 1785, fecha intermedia a sus visitas.

En algún momento de su historia de más de dos siglos, y por razones inexplicadas, el importante cuadro fue mutilado por los cuatro lados y reducido a su tamaño actual de 37.5 de altura por 12 cms. de anchura. No tenemos conocimientos de las dimensiones exactas de la tabla original, pero, a juzgar por la gran estrechez en la que se encuentra hoy la figura ecuestre, es fácil razonar que las partes recortadas representaban aspectos importantes del cuadro: a la izquierda, la grupa del caballo, con la continuación del paisaje, han desaparecido; a la derecha, la cabeza del animal, con la amplia y esperada vista rural.

Campeche, ya fuera en su primera etapa rococó o en la segunda, neoclásica, era, sobre todo en sus retratos, un pintor del equilibrio y del balance. Sus composiciones, y aún su selección de colores, eran, sin falla, cuidadosamente armónicas; su ritmo visual, siempre simétrico. Los elementos aparentemente espontáneos o banales de los cuadros -cortinajes (páginas 26 y 28), muebles y jaulas en los márgenes (página 31), o frutas- cumplían siempre una función jerarquizada de correspondencia y estabilidad dentro de la representación pictórica.

Gran pintor de temperamento clásico, Campeche sitúa al retratado, desvela su personalidad y muestra sus virtudes con la ayuda estructurada del lugar y de los objetos que lo rodean. En este cuadro la figura de la dama debería revelársenos gracias a la vereda por la que transita, a la vegetación que la rodea, a la apertura del alto cielo, a las nubes y a todo el paisaje que se vislumbra en el fondo.

El retrato ecuestre que observamos -desequilibrado y descentrado, desviado del eje de su representación original por el enigmático recorte- nos permite, por contraste y como antítesis, constatar las características del arte de Campeche y ayudar a aguzar nuestro ojo con su obra.

Para comenzar, la estrechez creada por el recorte acentúa la verticalidad de la tabla y de la figura ecuestre. Ésta, en lugar de situarse en pleno centro de la tabla y del paisaje de fondo, se ubica ahora como fuera del eje, hacia la izquierda del centro de la estrecha tabla.

En sus retratos, Campeche era un comedido pintor de la voluntad de mirar calmada y acompasadamente, pero la concentración desproporcionada de la figura que ha ocurrido en esta tabla desajusta sus intenciones. Ante la ocupación de la casi totalidad del cuadro por la amazona, el ojo del espectador buscará, entonces, algún desahogo y escudriñará la anchura y la perspectiva que le proporcionan el cielo y las nubes.

Campeche logra un equilibrio pictórico mediante el uso de los colores. En este cuadro, un graduado contrapunteo entre los colores rosa y azul recorre toda la obra.

Muy característico del estilo y de la pintura rococó era el color rosa, que Campeche usa con frecuencia y mesura. Mas, el tono rosado de la tabla es sorprendente, pues la intensidad del color se acentúa ante la vista, ya que existe una menor superficie en la que matizarlo, yuxtaponiéndolo a otros. Y así, advertimos que el rosado impregna todos los elementos del reposado cuadro, sin matiz y sin el acostumbrado equilibrio cromático. Sus suaves tonos se difuminan y cubren la falda y el chaleco de la jinete, la piel, las cintas, plumas y flores del aparatoso sombrero, el aire y el profundo fondo con sus moldeadas nubes. De este color dependerá la luz de este bello cuadro contrahecho. El mismo tono rosado inundará el cuadro orientándolo hacia ese color, y difundiendo, con mayor densidad, la luz de un probable atardecer tropical.

A la derecha podemos admirar una sección del cuello del caballo y parte de las crines adornadas con lazos y flores azules. Ese color azul, dispersado por el cuerpo del caballo, servirá de contrapeso y contraste cromático al ubicuo tono rosado, respondiéndole con el color de las mangas y de la chaqueta de la dama, con las plumas del encopetado sombrero, con el cielo escondido por las nubes rosadas.

El misterio inmediato no forma parte integrante de los retratos de personajes distinguidos de Campeche, pues la intención primera del pintor fue, frecuentemente, crear una segura distancia respecto al observador, afirmar la claridad de lo retratado, la exposición del retratado, ilustrar y demostrar su poder y virtudes. La dimensión indeterminable que existe en la obra de Campeche se reserva o surge sólo en la segunda mirada que posamos sobre sus retratos, en su arte religioso y en el último período artístico de su vida.

Pero, aquí, la joven amazona, enguantada, con el puño izquierdo firmemente cerrado y sosteniendo las bridas, el fuete sostenido con determinación en la mano derecha, mira más de cerca que lo proyectado al observador. Con sus grandes ojos, la cara sombreada, y sentada con distinción en su elegante postura a la inglesa, llevando sombrero de plumas rosas y azules, adornado con flores y perlas, la joven alza su mirada y la sostiene ante la nuestra.

La vestimenta de la desconocida retratada recuerda la gran moda femenina llevada por la nobleza del Antiguo Régimen, con sus refinadas y delicadas telas y encajes, cintas y lazos, altos y enplumados tocados, sus ceñidos corpiños y chalecos. Porque es cierto que la sucesión cronológica de los retratos de Campeche permite observar y seguir las transformaciones de la moda europea, sobre todo la francesa, desde el segundo tercio del siglo XVIII hasta principios del XIX.

Es esto prueba de que no sólo Campeche, sino la gente acaudalada del San Juan de la época, se esmeraba en mantenerse al tanto de los pormenores de las ocurrencias de los costureros del Viejo Continente, por medio de la imitación o recreación locales de vestidos y accesorios. Para el gran pintor dieciochesco era de importancia este conocimiento pues le permitía mostrar más favorablemente a las damas capitalinas.

Y se puede uno preguntar cómo desembarcaba la información sobre sucesos de la vanidad parisina que ocurrían a miles de kilómetros de distancia de nuestra apartada isla, que era, entonces, un mero bastión militar de ultramar y destino de confinados de una rancia potencia europea en declive. La respuesta es que las noticias de la moda llegaban a puerto por un buen número de canales:

las ilustraciones en revistas, los grabados, las reproducciones y almanaques ilustrados, la publicidad divulgada por los comerciantes y las observaciones y comentarios de viajeros y recién llegados al país.

El tema de la comunicación abre el eterno problema isleño del difícil acceso al original, al canon del centro -nuevamente, otra versión del tema de la pureza- y del consiguiente mayor o menor grado de imitación y de sustitución que existe en el arte puertorriqueño. Podríamos definirlo como otro avatar del imperecedero conflicto de la relación entre la provincia y la metrópoli que traspasa a nuestra sociedad desde la conquista española.

Esta situación se encuentra estrechamente vinculada al sentimiento que muchos experimentan de vivir alejados de las capitales internacionales de la cultura, a la percepción de escasez, a la noción de falta de acceso, a la idea de que se carece de algunos de los elementos esenciales para hacer arte -y otras ocupaciones- en Puerto Rico. Sentimiento éste que, extendido a varias capas de la sociedad, ha ayudado a conformar, en mayor o menor medida, parte de nuestra idiosincrasia nacional.

Pero, al igual que Campeche, otros artistas puertorriqueños, en su irreprimible deseo de crear, han respondido -intentando cumplir con los requisitos y las exigencias de ese canon artístico concebido por otras latitudes- con lógica creatividad e imaginación, para compensar por lo que no existe, recurriendo a la infranqueable sustitución y el reemplazo para continuar haciendo su oficio. Han sabido utilizar la ausencia de elementos como acicate absoluto en su empresa, rompiendo, consciente o inconscientemente, reglas y tradiciones, originando, forzosamente, un alto grado de innovación autóctona.

En una carta del 23 de octubre de 1866, parte de la numerosa y detallada correspondencia entre Pissarro y Cézanne, éste, desde su ciudad natal de Aix-en-Provence, formula a aquél la siguiente preocupación sobre su amigo en común, el puertorriqueño Francisco Oller.

Me disgusta sobremanera que Oller no pueda regresar a París, según me ha informado Guillemet, pues se aburrirá mucho en Puerto Rico, más sin colores a su alcance, lo que debe ser muy penoso para un pintor.

Si bien es cierto que no se ha podido confirmar la exactitud de los comentarios de Cézanne -formulados muchos años antes de su disputa definitiva con Oller en 1895-, sí podemos afirmar que el cambio de vida y de exigencias ha debido de ser notable para Oller después de su primer regreso a la isla, tras siete fértiles años de estadía en París, en donde su pintura se transformó radicalmente y sus influencias mayores fueron Courbet y Manet.

A pesar de numerosos obstáculos, Oller logra continuar su carrera artística en la isla, realizando retratos e impartiendo clases pero, claro, acá en el trópico verá cambiar otros elementos de su entorno. El joven pintor tendrá, pues, que aceptar lo que le proporciona la naturaleza puertorriqueña y sustituir y reemplazar adecuadamente lo que no existe.

El bodegón ha sido uno de los géneros más antiguos y admirados de la pintura occidental. Para realizar los suyos, los maestros europeos han utilizado por cientos de años frutas frescas corrientes en el lugar en que trabajaban. Tomando en cuenta sus equilibradas formas y su agradable aspecto, las manzanas, los melocotones, los racimos de uvas, las peras y hasta los higos serán así las frutas -consideradas nobles- protagonistas principales de este clásico género de la pintura. Naturalmente, son frutas provenientes de climas temperados o mediterráneos que el clima tropical de Puerto Rico no produce.

Recordemos que, a mediados del siglo XIX, se vivía en sociedades de normas limitadas, regidas por reglas y preceptos estrictos, sobre todo en estos apartados confines conservadores del imperio español. Y, que, dentro de ese marco tradicional, un bodegón ideal debería representar frutas europeas.

Huelga decir que, para realizar los suyos, Oller tendrá que romper estas convenciones de la representación y se someterá, por necesidad, a la geografía caribeña, introduciendo en sus cuadros la gran variedad de frutos tropicales de fácil acceso en el Puerto Rico de aquella época: mangós, mameyes, pajuiles, guineos, plátanos, guanábanas, aguacates, palmito, guayabas, cocos, higüeras y piñas. Con el correr de los años, el pintor, en sus bodegones, declinará el trópico a través de sus frutos, llevando a cabo, con el uso de frutos traspuestos, una verdadera sustitución.

Utilizando elementos heterodoxos de reemplazo -impuros, mezclados- en un género clásico, Oller se aparta, desde el segundo tercio del siglo XIX, de las normas esperadas y ejecutará, a lo largo de su vida, una serie de magníficos bodegones de gran belleza, transformando, a la vez, la pintura puertorriqueña. Y, al comparar esos lienzos con lo que otros pintores hispanoamericanos intentaban para la misma fecha, caemos en la cuenta de que son, a pesar de los años pasados desde su ejecución, obras de excepción.

En Bodegón con piñas (página 39), realizado en los últimos años de su vida, Oller representa esta fruta que ya Campeche había incluido periféricamente unos cien años antes en dos retratos, *Dama a caballo* y *Las hijas del gobernador don Ramón de Castro*. Anteriormente, en 1777, el pintor español Luis Paret y Alcázar, desterrado por el rey de España a Puerto Rico, había agregado una piña en situación similar en su dibujo de una esclava de la isla, especie de mirada peninsular sobre lo exótico.

Cabe recordar que, a pesar de que Campeche presentará otras frutas en sus cuadros, en particular pajuiles y guineos, éstas siempre funcionarán como objetos secundarios en su obra. En los tres casos precursores mencionados, las piñas juegan un papel más bien decorativo, anecdótico, como una suerte de guiño tropical marginal al observador.

En el caso del bodegón de Oller, sin embargo, las piñas, al igual que las numerosas frutas del país que pintará a lo largo de su vida, cobran protagonismo y se convierten abiertamente en el tema y sujeto único del cuadro, en su centro visual.

Éstas, dispuestas ampliamente sobre una mesa, sobre un fondo muy despejado, con la paleta llena de luz que toma elementos de la pintura a veces traslúcida de Manet -que realza las formas y los colores de los objetos- enseñan sus formas oblongadas, sus moñas, su piel erizada de matices amarillo anaranjado y su sombra verde azul.

Indirectamente, con el uso de los frutos puertorriqueños, los bodegones de Oller valorizan, dentro de lo esperado para este género, la geografía de la isla, adentrando e incorporando a los frutos en una larga tradición pictórica europea y haciéndonos conscientes, como puertorriqueños, de lo que somos y del lugar en que vivimos.

Sus bodegones nos recuerdan, por oposición, el punto ciego que se establece en el ojo y la conciencia de los habitantes de un lugar cuando no observan sus frutas, o la vegetación que los rodea, y sólo experimentan la ausencia de lo que no tienen: la manzana, las uvas, el melocotón.

Podríamos decir, también, que ese tratamiento central de las jugosas frutas cosechadas en el país iniciará una sólida aunque, desgraciadamente, limitada tradición en la pintura puertorriqueña si recordamos los bodegones de Ramón Frade, ejecutados sólo unas décadas más tarde (ilustración 3).

Pero, como el impresionista contrariado que será durante toda su obra madura, Oller, (poco importa el estilo o tema de sus cuadros), se interesará principalmente por la luz. Y en los bodegones ésta se reflejará con precisión en las frutas, en las jarras, en los dobleces de los manteles y en todo aquello que pueda originar cambio de luz, sombra y profundidad.

A partir de 1873, en su segundo viaje a Francia -época en la que pinta *El estudiante*-, Oller, reunido nuevamente con sus estimulantes amigos de París, volverá a recrear los plácidos paisajes con impresiones de luz que tan bien ejecuta. Un ejemplo de ello es *La Basílica de Lourdes desde el río Gave* (página 36). La liviana luz matinal que se difunde por el lienzo es de suaves reflejos, sutilmente brumosos y graduados, que alumbran delicadamente el río, en el primer plano, y la iglesia, en el fondo.

Sin embargo, la luz del sol caribeño no cae sobre el paisaje circundante de la isla de la misma manera dosificada. De vuelta en Puerto Rico, para captar verdaderamente el paisaje isleño, Oller deberá reemplazar la iluminación que se despliega por sus cuadros franceses.

En el trópico, la luz aplasta, la mayor parte del día, el contorno de los objetos, desdibujando y deshaciendo sus formas. Muy temprano en la mañana, la luz puertorriqueña puede ser traslúcida y como lavada, siendo nítida, densa y profunda al comenzar el atardecer; sin embargo, será implacable, unívoca y fulgurante el resto de la jornada. Así su óleo sobre tabla *Central Plazuela-Barceloneta*, que data de c. 1908 (página 38), ha debido ser ejecutado a fines de la tarde. Por otra parte, la representación de esta bella luz, discretamente reluciente -exacta y diáfana y profunda- nos recuerda que Oller trajo algo del gran Manet a nuestro trópico.

Pero ese algo impresionista en la luz y en la textura de sus cuadros no lo retomarán los sucesores puertorriqueños inmediatos del pintor y establecerán un corte -olvido o supresión- en la historia del arte de Puerto Rico, cuando pudieron haber iniciado otra tradición.

No debemos olvidar en nuestra visita que la colección del museo del recinto de Río Piedras posee la obra emblemática de Oller, la más conocida de todas, *El velorio* (página 40 y 41). Por su composición, el lienzo, que se expuso en el Salón de París de 1895, recuerda los enormes lienzos del realismo y, entre todos, *El estudio del pintor* de Courbet, pintor que el puertorriqueño admiraba.

Por su tema, el cuadro es esencialmente una obra costumbrista con intención crítica, didáctica y cómica, opuesto a las creencias populares y a la iglesia de la época, y que se halla muy lejos de las interesantes ideas impresionistas del joven Oller. La influencia, sobre las generaciones inmediatas de pintores puertorriqueños, de los aspectos más evidentes de este lienzo, será desmesurada, desviándolas de los aspectos más modernos y dinámicos de su pintura.

Por lo demás, importa anotar que, con *El velorio*, Oller iniciará en el arte puertorriqueño

Ilustración 3

otra prestigiosa tradición de dos vertientes. La primera será la costumbrista, con sus cuadros sobre el jíbaro y su vida cotidiana; la segunda vertiente será la compuesta por variaciones sobre el tema de estas ubicuas reuniones mortuorias - momento importante y necesario de encuentro, conversación y reflexión en una sociedad entrecruzada como lo es la puertorriqueña. A esta última vertiente de los velorios han agregado sus obras importantes artistas puertorriqueños contemporáneos (páginas 182 y 183).

Sin embargo, si permitimos que el ojo se traslade hasta las escenas representadas al exterior de las puertas de la estancia que, con sus cuatro batientes verdes, equilibran la escena interior, observamos que Oller ha pintado, afuera, dos paisajes. Podríamos calificar a ambos de impresionistas, pues los personajes y los animales, el cielo, los cercanos bohíos, los árboles, las palmeras y toda la vegetación están impregnados de la luz difusa y de las pinceladas rápidas y cargadas de pigmento que caracterizan a ese movimiento pictórico francés.

En medio de un cuadro realista de pintura de género, el importante trasfondo impresionista del pintor puertorriqueño, con la fuerza iconoclasta que aquél poseía aún dentro de la pintura hispanoamericana de la época, irrumpe en el lienzo. Pero, hasta ahí llegará.

Aquí merece la pena hacer un alto en la visita para esbozar un tema de importancia en el trabajo de nuestro pintor. El gran misterio de la vida y la obra de Oller es su compleja y enrevesada relación con el Impresionismo. A lo largo de toda su vida, el pintor mantiene en sus cuadros un vínculo ambivalente con las ideas propuestas por sus amigos impresionistas, a pesar de que demuestra tener una gran afinidad con éstos y un enorme talento.

Entre 1858 y 1896 el puertorriqueño viajará una vez cada diez años, poco más, poco menos, de Puerto Rico a Francia. Sus prolongadas estadías y viajes europeos- claros intentos por fijarse permanentemente en París- se verán interrumpidos, cada vez, sin falta, por contundentes aunque ambiguos regresos a la isla.

Su obra, también, posee las huellas de esta trashumancia artística, hasta el punto de que podríamos hablar de una vida que produce obras paralelas, las ejecutadas en Puerto Rico -la de los retratos de notables, del realismo y del costumbrismo y las realizadas en Europa- la de los interiores y los paisajes de gran hechura impresionista como *El estudiante* o *La Basílica de Lourdes* ya mencionados. Pero Oller no parece nunca decidirse a residir en Puerto Rico definitivamente ni resignarse a vivir lejos de París. Y se tiene la impresión, siempre, de que aparece derrotado, en su fuero interno, por los acontecimientos cotidianos de su vida.

Aparte de la importancia y el enorme mérito que tiene Oller en el arte puertorriqueño, es necesario ser franco -y, quizás, brutal- en una visita como esta. Visto estrictamente desde el punto de vista de la historia del Impresionismo -o de la historia francesa del arte- Oller y su obra merecen sólo una nota al calce, a lo mínimo, un párrafo, a lo sumo, en ésta, pues, su actividad en ese movimiento es una suerte de acto fallido compuesto de inexplicables ausencias y de presencias. Para esa historia, Oller es el joven pintor que pudo haber sido y no fue.

Su constante vaivén entre uno y otro país debe ser comprendido -dentro de ese marco- como lo que es, no como un tránsito óptimamente creador, sino como una inquietud impregnada de vacilación y de indecisión constantes, una indefinición que le deja menos espacio del que él hubiera deseado para desarrollar una perspectiva pictórica renovadora.

Visto, por otra parte, desde el marco de la historia del arte puertorriqueño, es cierto que la recia huella del impresionismo marca técnica, temática y biográficamente toda la identidad del pintor. Y Oller es, acaso, gracias a la conjunción -en algo trágica, como hemos visto- de su atrevida biografía, sus semiexilios y su indecisa obra, el más fascinante y articulado de nuestros pintores del pasado. Aquél que, gracias a su participación como fundador en uno de los más importantes movimientos pictóricos de la época moderna, innova en la pintura puertorriqueña, aportando luz impresionista a los interiores, a las frutas, al paisaje y a los cielos boricuas.

Y, si bien existieron pintores en el siglo XIX que, como Oller, viajaban a estudiar arte a la revolucionaria París, hubo otros que, ciertamente más conservadores, entrado el XX, añoraban realizar el largo trayecto hasta la antigua Roma para estudiar allí la pintura académica italiana. Fue ese el caso de Ramón Frade.

Autor de uno de los iconos de la pintura *jibarista* de la isla, *El pan nuestro*, una parte importante de su obra se encuentra en el Museo Pío López Martínez en el recinto de Cayey ya que fue en ese pueblo, entonces agrícola, del centro de la isla en donde Frade nació, vivió y trabajó (página 256). Frade, por lo demás, diseñó sus propios muebles, fue arquitecto, agrimensor, maestro plomero y fotógrafo.

A los treinta años, en 1905, el joven pintor solicita a la Cámara de Delegados de Puerto Rico una beca para cursar estudios de arte en Roma, entonces destino tradicional de muchos artistas principiantes.

Como ejemplo de su trabajo el joven somete un lienzo que titula *El pan nuestro*, dando origen, sin proponérselo, a ese símbolo del Puerto Rico campesino que se confunde con la imagen de la tierra en los años dc transición a la colonia norteamericana. El propio Oller redacta una carta en la que recomienda a Frade al jurado.

Es cierto que el joven pintor cayeyano no fue el ganador. En cambio, hoy, a cien años de la fallida solicitud, no recordamos el nombre del artista becado, pero sí el del cuadro que Frade presentó a la competencia, del cual ejecutaría, a lo largo de su vida, unas once o doce copias.

Determinado a realizar, fuera como fuera, el viaje al Viejo Continente, Frade se costeará los gastos del mismo realizando cuadros y, en 1907, parte durante cuatro meses a visitar algunas de las ciudades de arte italianas.

Así el puertorriqueño logrará efectuar, con modestos medios, su propio *Grand Tour*, aquel largo recorrido por el continente que era cita obligada en la formación y educación de los jóvenes de la sociedad europea desde el siglo XVIII.

A diferencia de Oller en sus viajes por Europa, Frade, muy tradicional en sus gustos estéticos, no mostrará el más mínimo interés por la pintura vanguardista que elaboran entonces sus contemporáneos europeos en Milán o en París. De su visita europea, a principios de ese siglo tan productivo y transformador para el arte, el pintor regresará con cuadros que recuerdan sus pronunciados gustos académicos, su atracción por las góndolas, las ruinas romanas y las vistas de Venecia de Canaletto y de Guardi.

Sin embargo, es interesante observar el proceso que Frade utilizará para trabajar en algunos de sus cuadros. En aquella época, antes de que las fotos a color o las películas existieran, los pocos viajeros que podían darse el lujo de ser turistas, regresaban a su destino con ilustraciones pintadas a mano que compraban en los lugares memorables que habían visitado.

Como anécdota de algún interés, pues demuestra el uso generalizado de estas tarjetas ilustradas a principios del siglo XX, el joven Adolf Hitler, antes de la Primera Guerra Mundial, cuya intención era convertirse en pintor, sobrevivía en Munich de las ganancias que le proporcionaban las tarjetas pintadas a mano de las calles y vistas de la ciudad.

En Venecia, Frade compra una tarjeta ilustrada de una vista citadina que comprende un pequeño canal, un puente y, en el fondo, una residencia (ilustración 4). Además, uno de los primeros pintores puertorriqueños en emplear los nuevos métodos de reproducción fotográfica, realiza él mismo una foto del lugar con su propia cámara (ilustración 5).

Una vez en Puerto Rico, con las dos versiones en mano, el pintor construirá una tercera, el cuadro, que podemos ver en el museo de Cayey (página 46).

En el largo recorrido hasta su versión pictórica definitiva la obra sufrirá, pues, varias transformaciones. Frade agranda el edificio a la derecha, acercándolo al espectador, mantiene el borde y el paseo a la derecha del canal, pero conserva el tamaño del puente que correspondería a un plano visual más cercano de la escena.

Es éste un método de trabajo diferente al que presenciamos en la obra de Oller, de Campeche y de otros pintores isleños cuya obra maduró antes de que se generalizara el uso de la fotografía. Éstos pintaban el lienzo en el lugar mismo o confiaban en su memoria -si habían frecuentado el lugar-, en los dibujos realizados durante sus viajes o en las escasas láminas o reproducciones que llegaban a sus manos.

A principios del siglo XX, los nuevos métodos mecánicos permitían reproducir tal cual el lugar apreciado. El procedimiento, utilizado desde muy temprano por Frade, recuerda más bien, guardando toda proporción, los modos de trabajar de Degas en Francia, de su contemporáneo norteamericano Thomas Eakins y, hoy, del británico David Hockney.

Degas, por ejemplo, fue uno de los primeros de los grandes pintores en utilizar la fotografía para su pintura. Fotografiaba a sus sujetos, modelos que disfrazaba de bailarinas en su taller y, a partir de la fotografía, continuaba pintando el cuadro, añadiéndole, luego, el escenario, los palcos o el foso de la orquesta. En muchas ocasiones, además, ubicaba a sus personajes fuera del centro o del eje del cuadro, alterando su composición y tomando prestados los nuevos ángulos fotográficos.

Ahora bien, si utilizar la fotografía como base para un cuadro es hoy un lugar común, en aquel entonces, no lo era.

Y Frade empleó la técnica su vida entera. Pero, a pesar del temprano uso de la cámara fotográfica, nada indica que su pintura y su imaginario artístico no hayan sido de hechura clásica.

Para realizar los cuadros *Planchadora*, *Recogedora de café* y *Niño camino de la escuela* -según el testimonio de los propios modelos- Frade primero fotografiaba las figuras, fuera del contexto del cuadro, y luego, foto en mano, ejecutaba la obra.

Ilustración 4

Ilustración 5

El procedimiento consistía, principalmente, en un método general de composición, por transformación y yuxtaposición de figuras y paisajes, que utilizaba en muchos de sus cuadros, aún cuando no implicara el uso de la cámara fotográfica. Así entendemos un estudio realizado para *El pan nuestro* en el que podemos detectar su forma de proceder: la figura de un campesino, que parece flotar en el aire, se ha superpuesto al paisaje montañoso del fondo (página 256).

Como si la inclusión del arte de la isla en los movimientos artísticos de avanzada realizada por Oller hubiera comenzado a borrarse irremediablemente de la memoria, y el velo del costumbrismo de *El velorio* hubiera venido a cubrirla enteramente, los jóvenes pintores puertorriqueños del nuevo siglo obviarán los aspectos más modernos del arte del maestro y producirán en el primer tercio de éste una variedad de obras de temas costumbristas y *autoctonizantes*, intentando retratar, buscar o encontrar el sentido del país en la vida de nuestros jíbaros y en nuestra naturaleza. Acaso los motivaba el sentimiento de que el cambio de soberanía haría desaparecer para siempre una forma de vida que era necesario mostrar. Acaso, los inquietaba la idea dc que los puertorriqueños no poseíamos suficiente carácter e identidad nacionales y que era preciso advertirlos y hacerlos notar, antes de que los norteamericanos los fueran a arrasar. El caso es que estas interrogaciones o búsquedas atraviesan, hasta nuestros días, el arte puertorriqueño, forjándolo.

Aquí concluye la parte de nuestra visita que me corresponde; mi papel de cicerone llega, pues, a su fin. A ustedes el de continuar el resto, el descubrimiento del arte de los siglos XX y XXI, con la ayuda de las fotografías que ilustran el libro y de visitas de cuerpo entero a las colecciones en los distintos recintos.

La época de *El pan nuestro* coincide con la fundación de la Universidad de Puerto Rico en 1903. Con la creación de la escuela para maestros que fue, al origen, la universidad, cambiaría para siempre la vida cultural y artística de Puerto Rico . La UPR abrirá un foco de la cultura y de otros campos culturales. Creará, sobre todo, un espacio que servirá de cuna y fermento de ideas y de debates y, claro, de hogar de las obras que tenemos la oportunidad de admirar o comentar en esta corta visita.

El siglo XX y el que apenas comienza han sido fructíferos, cada uno con sus particularidades, para la historia del arte puertorriqueño. El arte realizado por los puertorriqueños durante esta época ha efectuado un recorrido que se distingue por la búsqueda -o el conflicto- de la adecuación entre la preferencia asignada a la subjetividad del artista contemporáneo y la preferencia del tema de la identidad nacional. Cada uno de los grandes artistas de este período le ha dado forma y resolución a ese asunto, aún cuando haya decidido obviarlo. Los pintores de la generación del 50, aquellos que han trabajado en los carteles, en nuestra extraordinaria y excelente producción gráfica, los pintores de la década de los sesenta y setenta, los de la abstracción, los del arte conceptual y los minimalistas, todos, sin excepción, han respondido a su manera, pues esa búsqueda -o conflicto- atraviesa la identidad cultural de los habitantes de esta isla.

Por las razones antes expuestas al comentar el costumbrismo, las grandes corrientes artísticas de la época moderna entraron tardíamente en el arte puertorriqueño; no ayudó, luego, el hecho de que, después de la Segunda Guerra Mundial, el arte y los preceptos que dominaban la escena internacional fueran los de los Estados Unidos, con cuya cultura poseemos, como bien sabemos, múltiples dificultades y desavenencias. Surgió, pues, un necesario período de reajuste, que continúa, durante el cual el arte puertorriqueño se actualizó o se puso al día, intentando enterarse retrasadamente de lo que ocurrió en las distintas fiestas de las que él mismo se había excluido. Pero, hoy, como siempre, continúa la creación, sostenida, como en todo país, por tensiones, conflictos no resueltos y nuevas perspectivas.

En su primer siglo la Universidad ha jugado un papel clave en la vida artística del país; en su segundo, sus esfuerzos tendrán que ser aún mayores si intenta mantener esa posición de primacía en el quehacer artístico puertorriqueño, pues la sociedad descentralizada y descentralizante del presente y los cambios en mentalidad de esta nueva era de la información y de la atomización globalizada sacuden a todas las instituciones universitarias del mundo, echándolas, a menudo, de lado.

Uno de los retos primeros con los que se topará la Universidad de Puerto Rico será, sin duda, el de continuar conservando debidamente las obras en sus colecciones, aumentándolas y exponiéndolas ampliamente para el disfrute y el conocimiento de todos los puertorriqueños, incluyendo a sus artistas.

ARTES *Primeras*

AMSET

Canope de alabastro con cabeza humana. 32.3 cm. Procedencia: Saqqara, Menfis, Egipto, 1567-1320 a. C.

Donación del Museo Peabody, Harvard University

Museo de Historia, Antropología y Arte, Recinto de Río Piedras

UBI SUNT

Dónde están los días del comité timón,

de las noches de fiebre en las casas de campaña

las antorchas alumbraban los pliegues de papiro

y los compases mohosos postulaban,

para el deleite de las esfinges

de risa pre-grabada,

la armonía esencial entre las cosas.

Era antes del exilio

antes de los siglos de las crisis,

todo era pulsiones,

escaseaban las teorías del deseo,

la entrega a domicilio y el telemercadeo;

pero pronto poblarían los últimos suburbios

de huellas en la nieve y pieles de foca,

y pronto la esfinge sifilítica

dormiría el sueño gris de un turista encantado

revelando la nostalgia de tantos olvidados negativos.

Urayoán Noel, *Las flores del mall*, 2000

HAPI
Canope de alabastro con cabeza de mandril. 28.7 cm. Procedencia: Saqqara, Menfis, Egipto, 1567-1320 a. C.
Donación del Museo Peabody, Harvard University
Museo de Historia, Antropología y Arte, Recinto de Río Piedras

VASIJA BICROMADA, CON DISEÑO FLORAL INTERIOR

10.16 cms. x 30.48 cms. Cultura saladoide, c. siglo II d. C. Procedencia: Guayanilla

Colección del Centro de Investigaciones Arqueológicas, Musco de Historia, Antropología y Arte, Recinto de Río Piedras

OLVIDOS

Olvidados de la ruda memoria,

hemos alcanzado esa otra vía

que perdura en las cosas

y sucesivas tumbas.

Acaso un resplandor de agua

sobre el cenagoso miedo a un pasado que se aleja

y nos detiene,

al borde de este sueño,

o ese lapso,

en que no encontramos la llave de la puerta.

Yvonne Ochart, *El libro del agua*, 1996

VASIJA CAMPANULAR, CON DISEÑO FIGURATIVO BICROMADO
15.24 cms. x 27.94 cms. Cultura saladoide, c. siglo III d. C. Procedencia: Vieques
Centro de Investigaciones Arqueológicas, Museo de Historia, Antropología y Arte, Recinto de Río Piedras

VASIJA ESFEROIDAL, CON DISEÑO INCISO BICROMADO

7.62 cms. x 15.24 cms. Cultura saladoide, c. siglo III d. C. Procedencia: Guayanilla

Centro de Investigaciones Arqueológicas, Museo de Historia, Antropología y Arte, Recinto de Río Piedras

VASIJA CON DISEÑO INCISO, RELLENO DE PASTA BLANCA
15 cms. x 11 cms. Cultura La Hueca, c. siglo II d. C. Procedencia: Vieques
Centro de Investigaciones Arqueológicas, Museo de Historia, Antropología y Arte, Recinto de Río Piedras

REPRESENTACIÓN DEL CÓNDOR ANDINO, CON CABEZA TROFEO EN LAS GARRAS, JADEÍTA

5.5 cms. x 4.2 cms.   Cultura La Hueca, 300 a. C. - 300 d. C.   Procedencia: Vieques

Centro de Investigaciones Arqueológicas, Museo de Historia, Antropología y Arte, Recinto de Río Piedras

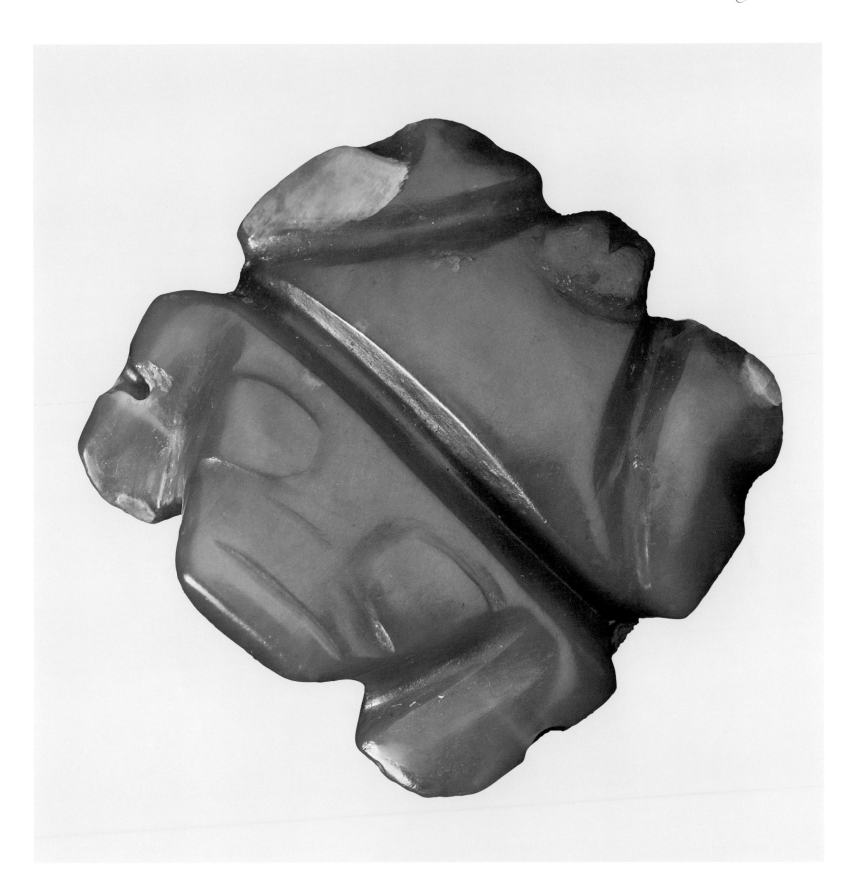

REPRESENTACIÓN BATRACIFORME, JADEÍTA

2.6 cms. x 2.6 cms. Cultura saladoide, c. siglo III d. C. Procedencia: Guayanilla

Centro de Investigaciones Arqueológicas, Museo de Historia, Antropología y Arte, Recinto de Río Piedras

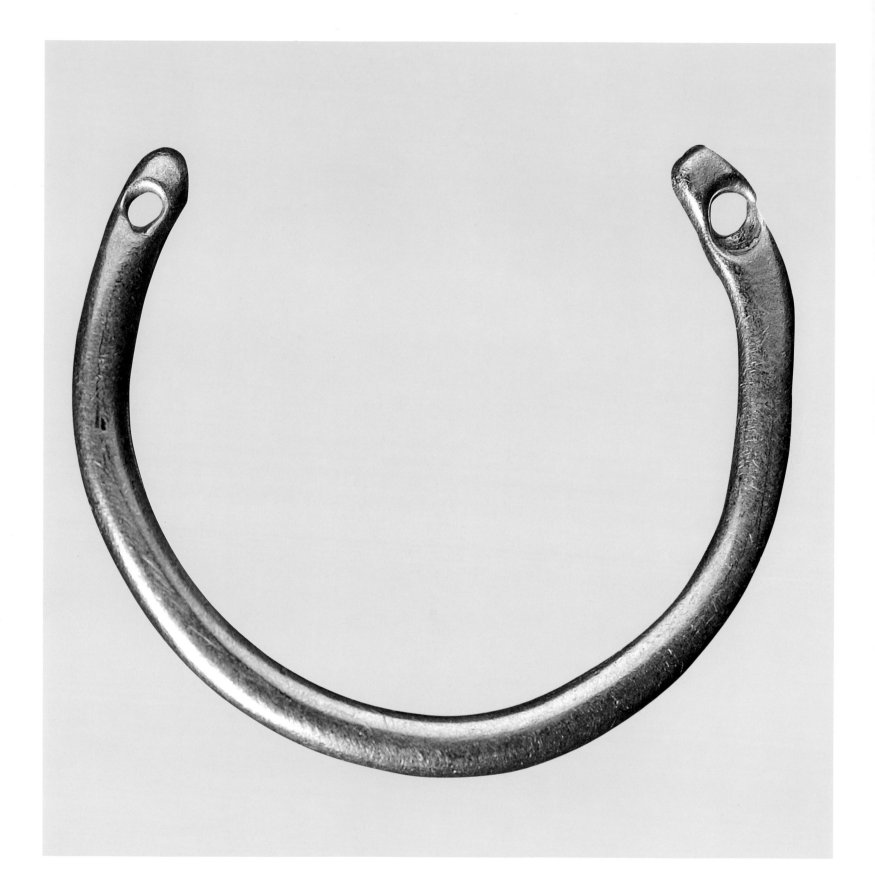

NARIGUERA DE ORO EN FORMA DE ANILLO

1.5 cms. x 2.1 cms. Cultura ostiones, c. siglo VI d. C. Procedencia: Guayanilla

Centro de Investigaciones Arqueológicas, Museo de Historia, Antropología y Arte, Recinto de Río Piedras

TREINTA Y UNA CUENTAS BICÓNICAS DE CRISTAL DE ROCA DISPUESTAS EN FORMA DE COLLAR
1.6 cms. a 1.0 cms. Cultura saladoide, c. siglo II d. C. Procedencia: Vieques
Centro de Investigaciones Arqueológicas, Museo de Historia, Antropología y Arte, Recinto de Río Piedras

CUENTAS DE AMATISTA Y CORNALINA Y UN AMULETO BATRACIFORME TALLADO EN AMATISTA, DISPUESTOS EN FORMA DE COLLAR
2.1 cms. a 0.7 cms. Cultura La Hueca, c. siglos I al V d. C. Procedencia: Vieques
Centro de Investigaciones Arqueológicas, Museo de Historia, Antropología y Arte, Recinto de Río Piedras

VEINTISIETE REPRESENTACIONES BATRACIFORMES EN JADEÍTA, DISPUESTAS EN FORMA DE COLLAR
3 cms. a 1.7 cms. Cultura La Hueca, c. siglos I al IV d. C. Procedencia: Vieques
Centro de Investigaciones Arqueológicas, Museo de Historia, Antropología y Arte, Recinto de Río Piedras

VASIJA DE BARRO CON COLLAR DE CUENTAS EN MÁRMOL Y CORNALINA Y DOS HACHAS PLANO CONVEXAS EN JADEÍTA
10.5 cms. x 15.5 cms. Cultura saladoide, 100 a.C.–600 d. C
Museo de Historia, Antropología y Arte, Recinto de Río Piedras

DAGA ANTROPOMORFA CEREMONIAL EN PIEDRA
28 cms. x 11.3 cms. x 11.1 cms. Cultura taína, 1100 a 1500 d. C.
Museo de Historia, Antropología y Arte, Recinto de Río Piedras

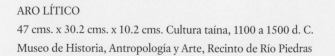

ARO LÍTICO
47 cms. x 30.2 cms. x 10.2 cms. Cultura taína, 1100 a 1500 d. C.
Museo de Historia, Antropología y Arte, Recinto de Río Piedras

PICTOGRAFÍA

Caía un sol todo Borinquen sobre
mi frente descubierta.

Yo me acerqué en silencio, conmovido,
hasta esa hipnosis que grabó una estrella,
no sé en qué ardiente areyto de presagio,
para que esta mañana se leyera.

– Recoge tu Destino, Borincano,
en esta luz que se ha tornado pétrea.
Ni sol, ni lluvia, ni traición, ni nada,
podrá borrar lo que se ha escrito en piedra! –

Juan Antonio Corretjer, *Yerba bruja*, 1957

TRIGONOLITO CON INCRUSTACIÓN EN CARACOL (cemí)
20 cms. x 8.3 cms. x 7.9 cms. Cultura taína, 1100 a 1500 d. C.
Museo de Historia, Antropología y Arte, Recinto de Río Piedras

TRIGONOLITO ZOOMORFO (cemí)
13 cms. x 8.4 cms. x 10.2 cms. Cultura taína, 1100 a 1500 d. C.
Museo de Historia, Antropología y Arte, Recinto de Río Piedras

TRIGONOLITO ANTROPOMORFO (cemí)
21.8 cms. x 11.3 cms. x 11.1 cms. Cultura taína, 1100 a 1500 d. C.
Museo de Historia, Antropología y Arte, Recinto de Río Piedras

DUJO EN MADERA
38 cms. x 20.3 cms. x 15 cms. Cultura taína, 1100 a 1500 d. C.
Museo de Historia, Antropología y Arte, Recinto de Río Piedras

VASIJA CEREMONIAL EN MADERA, CON COLLAR DE CUENTAS DE PIEDRA Y CRISTAL
7.4 cms. x 8 cms. x 12.2 cms. Cultura taína, período de contacto, 1508-1520 d. C.
Museo de Historia, Antropología y Arte, Recinto de Río Piedras

PINTURA

RETRATO

Señora de la elegancia

leve imagen conmovida.

Fija el tiempo sonreída

su delicada prestancia.

Sólo el aire por su errancia

la acaricia y la promueve,

mientras ella, si se mueve,

intensamente insegura,

derrota con su figura,

el tiempo que la remueve.

Francisco Lluch Mora, *La huella del latido (Decimario 1947-1985)*

JOSÉ CAMPECHE
Retrato de dama, c. 1782. Óleo sobre tabla. 17" x 11"
Museo de Historia, Antropología y Arte, Recinto de Río Piedras

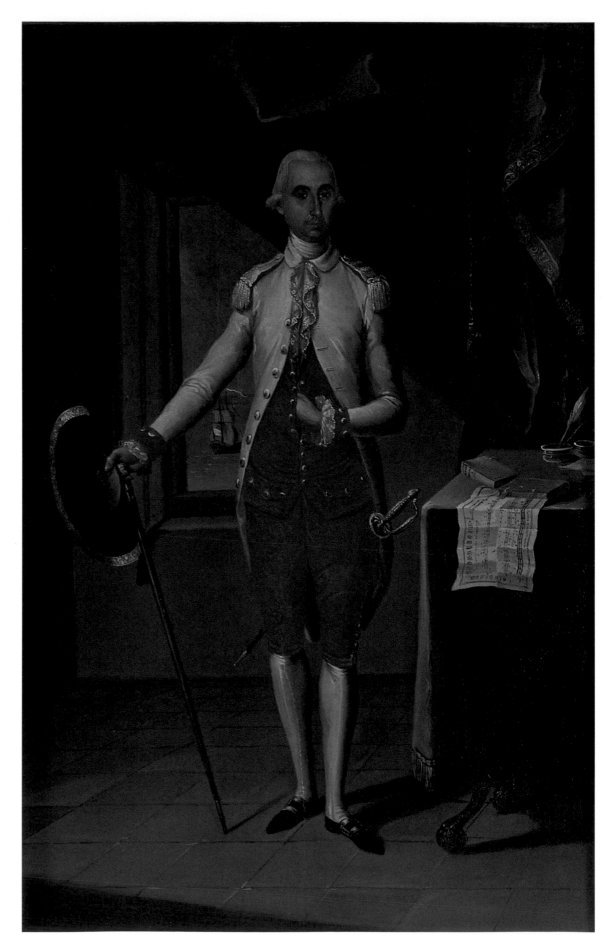

JOSÉ CAMPECHE
Retrato de gobernador, c. 1782.
Óleo sobre tabla. 17" x 11"
Museo de Historia, Antropología y Arte,
Recinto de Río Piedras

JOSÉ CAMPECHE
Amazona, c. 1785.
Óleo sobre tabla. 14-3/4" x 5"
Museo de Historia, Antropología y Arte,
Recinto de Río Piedras

JOSÉ CAMPECHE
Virgen de Belén, c. 1790-1809. Óleo sobre tabla. 22-7/8" x 15"
Museo de Historia, Antropología y Arte, Recinto de Río Piedras

JOSÉ CAMPECHE
Retrato de un desconocido ("el naturalista"), c. 1800. Óleo sobre tabla. 10- 3/4" x 6-1/2"
Museo de Historia, Antropología y Arte, Recinto de Río Piedras

We discussed a project of our Institute of Caribbean Studies to purchase a unique and excellent collection of West Indian books, manuscripts, documents, paintings and maps which is being offered for sale in Paris by Mme. A. Nemours, the widow of a well known Haitian diplomat and historian who spent most of his life gathering this collection throughout the West Indies and Europe... We are anxious not only to make Puerto Rico a home for Caribbean studies, but also to help Puerto Ricans look out toward their neighbors and arrive at a stronger sense of regional identity. Obviously, building up a rich library collection, the best in the area, will be an important step toward our goal.

Richard F. Morse, Director del Instituto de Estudios del Caribe, Recinto Río Piedras, Carta al Sr. Juan Suárez, 11 de agosto de 1960

RICHARD EVANS
Retrato del rey Henri Christophe, c.1818. Óleo sobre lienzo. 34-1/4" x 25-1/2"
Colección Josefina del Toro Fulladosa, Biblioteca J. M. Lázaro, Recinto de Río Piedras

FRANCISCO OLLER Y CESTERO
Paisaje, s.f. Óleo sobre tabla. 10-1/4" x 13-7/8"
Museo de Historia, Antropología y Arte, Recinto de Río Piedras

Me disgusta sobremanera que Oller no pueda regresar a París, según me ha informado Guillemet, pues se aburrirá mucho en Puerto Rico, más sin colores a su alcance, lo que debe ser muy penoso para un pintor.

Carta de Paul Cézanne a Camille Pissarro, *Aix-en-Provence,* 23 de octubre de 1866

FRANCISCO OLLER Y CESTERO
La Basílica de Lourdes desde el río Gave, c. 1876-77. Óleo sobre lienzo. 9-1/2" x 12"
Museo de Historia, Antropología y Arte, Recinto de Río Piedras

FRANCISCO OLLER Y CESTERO
Retrato de Angelina Serracante, c. 1885-88. Óleo sobre tabla. 25-1/2" x 19-1/4"
Museo de Historia, Antropología y Arte, Recinto de Río Piedras

FRANCISCO OLLER Y CESTERO
Central Plazuela, Barceloneta, c. 1908. 19" x 27-1/2"
Museo de Historia, Antropología y Arte, Recinto de Río Piedras

FRANCISCO OLLER Y CESTERO
Piñas, c.1912–1914. Óleo sobre lienzo. 21" x 34-1/2"
Museo de Historia, Antropología y Arte, Recinto de Río Piedras

FRANCISCO OLLER Y CESTERO
El velorio, 1893. Óleo sobre tela. 8' x 13'
Museo de Historia, Antropología y Arte, Recinto de Río Piedras

Si supiéramos el traje de la muerte,

cuántas horquillas lleva

en qué taller afila su guadaña,

trocaríamos ojo por piel.

Al oído daríamos vacaciones.

Las falanges cansadas de sujetar

tanto tallo de flor amortiguada,

volverían como pez al agua.

José María Lima, *Rendijas,* 2001

LA FLOR SILVESTRE

A la lisonja mi humor esquivo,

no brinda flores que aroma den:

en mis jardines no las cultivo;

que soy, Señora, franco y altivo

como buen hijo de Borinquén.

José Gualberto Padilla ("El Caribe")

JOSÉ CUCHÍ
Retrato de *"El Caribe"*, s.f. Óleo sobre lienzo. 50" x 35-1/2"
Museo de Historia, Antropología y Arte, Recinto de Río Piedras

LUIS DESANGLES
Busto de mujer, 1894. Óleo sobre lienzo. Diámetro 7-3/8"
Museo Pío López Martínez, Recinto de Cayey

FÉLIX MEDINA
Cañas, 1906. Óleo sobre lienzo. 22" x 30"
Museo de Historia, Antropología y Arte, Recinto de Río Piedras

RAMÓN FRADE LEÓN
Venecia, 1907. Óleo sobre lienzo. 14-1/8" x 10-1/8"
Museo Pío López Martínez, Recinto de Cayey

M. MORATE
Desnudo de mujer, 1907. Óleo sobre lienzo. 31" x 23"
Museo Pío López Martínez, Recinto de Cayey

En mi convalecencia me he ocupado en formar una colección de cuadros que destino a mi Biblioteca-Museo Rosa Cruz; tengo el proyecto de que sirvan más tarde para el Museo Biblioteca de la Universidad Panamericana.

Federico Degetau
Carta a Luis Sánchez Morales, 1913

ADOLFO MARÍN MOLINA
Catherine, s. f. Óleo sobre tabla. 14-1/4" x 10-5/8"
Museo de Historia, Antropología y Arte, Recinto de Río Piedras

UN DESTINO INMANENTE

Algo de resurrecionista ha tenido siempre Puerto Rico para mí, y yo me siento unido a Puerto Rico en un destino común sin ser de él, y por eso más fuerte todavía, tanto que yo, siempre indeciso en mi lugar de muerte, quiero quedarme, cuando mi muerte sea, muerto aquí.

Juan Ramón Jiménez
Isla de la simpatía, primera edición, 1981

JOAQUÍN SOROLLA
Retrato de Juan Ramón Jiménez, 1916. Óleo sobre lienzo. 27" x 19"
Sala Zenobia y Juan Ramón Jiménez, Biblioteca J. M. Lázaro, Recinto de Río Piedras

FERNANDO DÍAZ MCKENNA
Paisaje, 1921. Óleo sobre cartón. 10" x 18"
Museo de Historia, Antropología y Arte, Recinto de Río Piedras

El que vive en una isla tiene la imagen real de su propia vida. El amor, la ternura que la isla de Puerto Rico hace sentir (copo de tierra sobre el agua en que milagrosamente flota, peso tan leve para tanta belleza) humaniza a esta tierra. La queremos como a una persona viva, a causa de esta imagen de su soledad. Soledad reforzada por su ligereza, por ese ocupar tan poco espacio, ese estar en la superficie del planeta pidiendo tan poco y ofreciéndonos tanto. Cada rincón de su tierra está cargado de belleza; nada hay quieto, muerto, estéril; todo vibra y se justifica en la gracia. ¡Tan sola y tan llena de sí!

María Zambrano, *Isla de Puerto Rico
(nostalgia y esperanza de un mundo mejor)*, 1940

JOAQUÍN SOROLLA
Retrato de Zenobia Camprubí, 1918. Óleo sobre lienzo. 26" x 23"
Sala Zenobia y Juan Ramón Jiménez, Biblioteca J. M. Lázaro, Recinto de Río Piedras

MIGUEL POU
Paisaje de montaña, 1923. Óleo sobre cartón. 9" x 12"
Museo de Historia, Antropología y Arte, Recinto de Río Piedras

MIGUEL POU
Sin título (Plaza de Ponce), 1930. Óleo sobre lienzo. 23-3/4" x 30"
Colección Puertorriqueña, Biblioteca J. M. Lázaro, Recinto de Río Piedras

FÉLIX BONILLA NORAT
Refugiados españoles, 1936. Témpera sobre papel. 18-3/8" x 13-7/8"
(Donado por el Dr. Carlos E. López) Museo de Historia, Antropología y Arte, Recinto de Río Piedras

MIGUEL POU
Sin título (paisaje), 1937. Óleo sobre lienzo. 22-3/4" x 28"
Colección Puertorriqueña, Biblioteca J. M. Lázaro, Recinto de Río Piedras

Toda educación va encaminada a formar una conciencia nacional, no en el concepto peyorativo que se da a la palabra "nacional" en Puerto Rico, sino en su hermoso y verdadero sentido: conocimiento y apreciación de la realidad propia, percepción y apego a lo que es peculiar y distintivo en ella.

Nilita Vientós, "La educación en Puerto Rico",
Indice Cultural, 1965

MIGUEL POU
Vendedor de hamacas, 1938. Óleo sobre lienzo. 32" x 24"
Museo de Historia, Antropología y Arte, Recinto de Río Piedras

RAMÓN FRADE LEÓN
Frutas en plato con borde azul, 1939. Óleo sobre lienzo/cartón. 4-3/4" x 6-3/8"
Museo Pío López Martínez, Recinto de Cayey

LUISA GÉIGEL
Lorenza la lavandera, 1939. Óleo sobre cartón. 36" x 28"
Museo de Historia, Antropología y Arte, Recinto de Río Piedras

RAMÓN FRADE LEÓN
Árboles, s.f. Óleo sobre lienzo. 8-1/4" x 10-3/8"
Museo Pío López Martínez, Recinto de Cayey

EL ÁRBOL

Donde mi casa se levanta
fue antes de ayer la selva virgen
genésica, vibrante, inmaculada.

Piso con reverencia el patio, donde
un nieto de la selva centenaria
su vegetal aristocracia impone.

Y cuando sopla el viento,
lo imagino cacique destronado
en mitad de un patético desierto.

Juan Antonio Corretjer, *Amor de Puerto Rico*, 1937

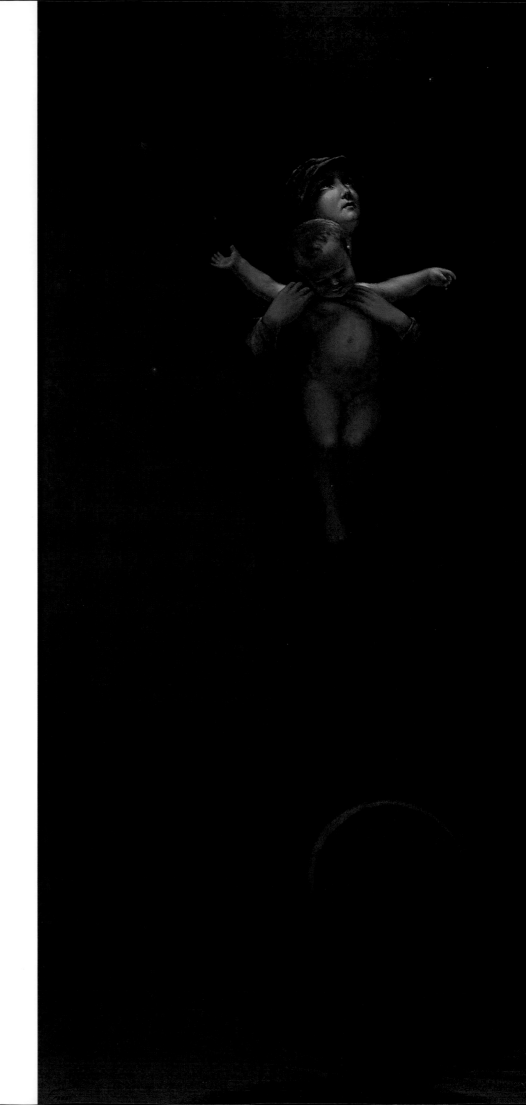

RAMÓN FRADE LEÓN
Stella Mater, 1940. Óleo sobre lienzo. 75" x 40"
Museo Pío López Martínez, Recinto de Cayey

RAMÓN FRADE LEÓN
Iglesia de Cayey de noche, s.f. Óleo sobre cartón. 11- 5/16 x 7-5/8"
Museo Pío López Martínez, Recinto de Cayey

DR. ATL.
Paracutín al amanecer, s.f. Óleo sobre lienzo sobre masonite. 20-1/4" x 24-1/4"
Legado José Trías Monge

ANTONIO MALDONADO
Retrato, 1947. Óleo sobre lienzo. 23" x 19-3/4"
Museo de Historia, Antropología y Arte, Recinto de Río Piedras

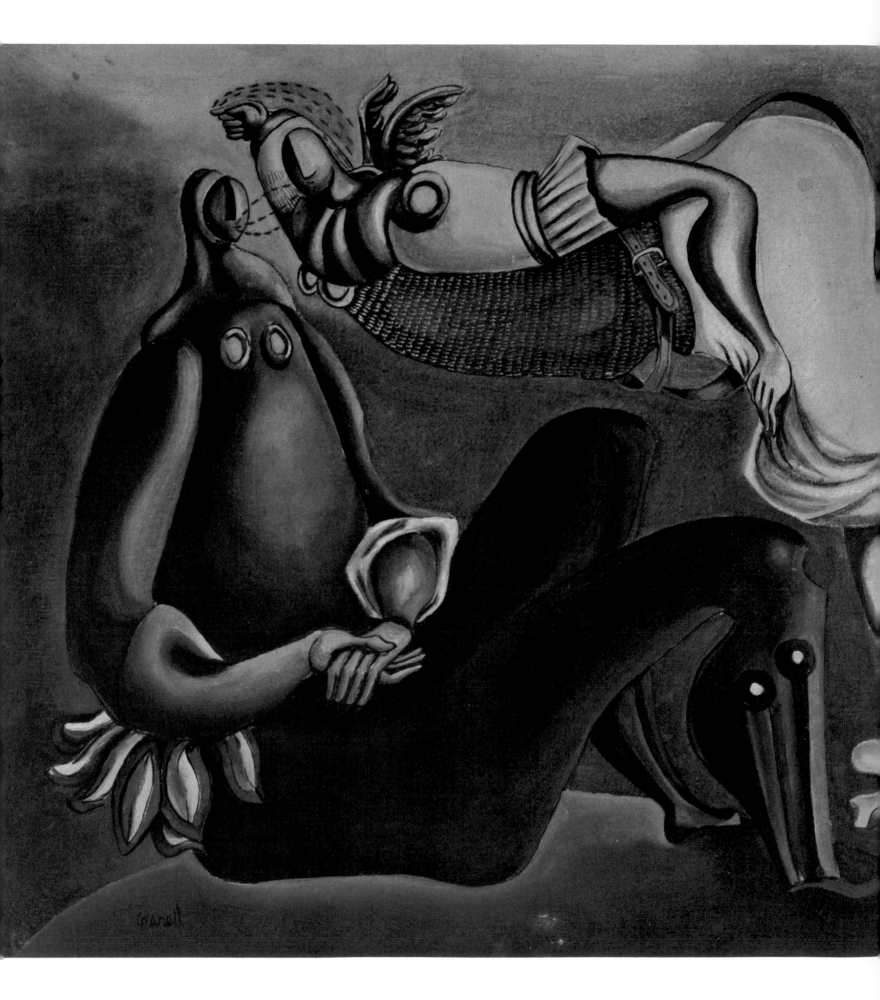

DIÁLOGO

Ya mi corazón,

hecho sueño de arrugas,

protesta.

Ya no es aquel sol,

ni la sombra de aquel sol

¡¿qué es ya mi corazón?!

dime tú, alma mía.

Y mi alma responde:

tu corazón ya no es horóscopo,

revelación o luna,

se ha convertido en

ruinas de cimas.

Tu corazón ya no sueña,

es espina de duda.

Tu corazón ya no es noche,

siendo amanecer la vida.

Roberto Alberty Torres ("Boquio"),

Escritos de Boquio (1957-1985)

EUGENIO FERNÁNDEZ GRANELL
La cita, 1946. Temple sobre lienzo. 20" x 24"
Museo de Historia, Antropología y Arte, Recinto de Río Piedras

NARCISO DOBAL
Dos caras, 1947. Óleo sobre lienzo. 19-3/4" x 25-3/4"
Museo de Historia, Antropología y Arte, Recinto de Río Piedras

FRANCISCO CERVONI
Bodegón, 1949. Óleo sobre lienzo. 22" x 30"
Museo de Historia, Antropología y Arte, Recinto de Río Piedras

Como todo lo puertorriqueño se lo está llevando el viento, en mi afán de perpetuarlo lo pinto.

Ramón Frade León

RAMÓN FRADE LEÓN
Alrededores de Cayey con flamboyán, 1952. Óleo sobre lienzo. 11" x 15"
Museo Pío López Martínez, Recinto de Cayey

JUAN ROSADO
Luquillo visto desde Fajardo, 1952. Óleo sobre masonite. 24" x 30-1/4"
Museo de Historia, Antropología y Arte, Recinto de Río Piedras

CRISTÓBAL RUIZ
Autorretrato, 1952. Óleo sobre lienzo. 30" x 20"
Museo de Historia, Antropología y Arte, Recinto de Río Piedras

CRISTÓBAL RUIZ
Retrato de Gladys Francillete, s.f. Óleo sobre lienzo. 29-7/8" x 21-7/8"
Museo de Historia, Antropología y Arte, Recinto de Río Piedras

LORENZO HOMAR
Le lo lai, 1952-53. Medio mixto sobre masonite. 26" x 39"
Museo de Historia, Antropología y Arte, Recinto de Río Piedras

Del campo viene la esencia

del cundiamor y la rosa.

Del campo la bondadosa

canción de la reverencia.

El campo nos da la herencia

que marcamos día a día:

El cuatro, el tres, la alegría

del güiro y la voz cantora

de allá nos viene la aurora

cortada al filo del día.

Vicente Rodríguez Nietzsche, *Decimario*, 1988

CARLOS RAQUEL RIVERA
Boceto para mural El fuego, c. 1955-56. Texolite y serigrafía. 10" x 41-1/2"
Museo de Historia, Antropología y Arte, Recinto de Río Piedras

PÓLVORA

Todo tiende a caer salvo
el ensueño. Baja uno los ojos; se desploma
el sabor del abandono; se viene abajo
la armazón de las entrañas y es extraña
la región en que quedamos atrás.
Sin mar ni maravillas, sin
refracción ni sombra. Sólo la suma urgencia
disparándonos hacia la nimiedad.
Memoria o alarido. ¿Memoria
de qué? ¿Alarido de cuál
conversación o exploración si todo
anzuela error? ¿Si al mejor cazador
se le escapa la liebre? ¿Y si
fuera incendio el tiempo?

¿Quién como tú por las cenizas?

Pedro López Adorno, *La ciudad prestada,
poesía latinoamericana posmoderna en
Nueva York*, 2002

RAFAEL TUFIÑO
El gigante, 1956. Óleo sobre masonite. 15-3/16" x 28-7/8"
Museo de Historia, Antropología y Arte, Recinto de Río Piedras

ALABANZA DE LARES

Toma este pan de Lares,

este registro rubio de los clamores

del pan.

Inmensas margaritas bajo un frescor de luna

centran el pan

orillado de pobres.

¡Qué cadencia entrañal,

qué miel avizora,

qué relumbre de pan

creando el horizonte para todos!

Toma este pan de Lares,

esta miga de estrella desprendida

del silencio,

este avatar de fuego

en torno a las celestes tremolinas

del que pide amor

como pide pan.

Pan de los héroes, terso

de rocío, con pétalos

de recurrencia astral,

pan cósmico.

Mi cuerpo se alimenta de este pan

indecible,

se alimenta

para no morir.

Pan soleado, con abejas doradas

suprimiendo el crepúsculo.

El pan tan solidario

que hace de la raíz, vuelo.

Y del vuelo, raíz.

Francisco Matos Paoli, *La semilla encendida*, 1971

JOSÉ DOBAL
Veleros, 1956. Óleo sobre masonite. 28" x 24"
Museo de Historia, Antropología y Arte, Recinto de Río Piedras

CARLOS RAQUEL RIVERA
Mi prima Raquel, 1957. Óleo sobre masonite. 11-5/8" x 6-5/8"
Museo de Historia, Antropología y Arte, Recinto de Río

Aquí se habla a menudo de la responsabilidad del intelectual, del político, del maestro, del abogado, del obrero, etc., pero no se habla nunca de la responsabilidad de la riqueza. Yo creo que la tiene, y muy grande. Son los ricos los que están en mejores condiciones de estimular y patrocinar esa cosa vital, ese lujo del espíritu, que es el arte. El que hace una fortuna tiene la obligación de mejorar el nivel cultural de la comunidad que le permite acumularla, devolver, con generosidad y gracia, algo de lo que de ella ha recibido.

Nilita Vientós Gastón, *Índice cultural*, 1950

RAFAEL TUFIÑO
La calle, 1957. Óleo sobre masonite. 28-1/2" x 20"
Museo de Historia, Antropología y Arte, Recinto de Río Piedras

RUFINO TAMAYO

Prometeo, 1957. Vinelita sobre lienzo. 11´ x 24´

Donación del Colegio de Ingenieros Arquitectos y Agrimensores y del Banco Popular

Biblioteca J. M. Lázaro, Recinto de Río Piedras

Cuando se ponen juntas

todas las pocas cosas que se saben

yo sé

que somos animales

que detestamos apasionadamente la soledad,

que para construírnos tenemos que juntarnos

y que tenemos manos que transforman los árboles,

las frutas,

los otros animales, las montañas, el agua,

un cerebro que acuña la historia milenaria

para ponerla al frente de los ojos de un niño

(pichón de gente,

cachorrito pensante que transforma

en montaña la arena,

en río caudaloso algún chorrito de agua,

en mariposa o pájaro la mano temblorosa).

yo también sé

que buscamos caminos

para poder juntarnos

como en el antes remoto que intuímos

donde nos construíamos sin soledad,

sin enturbiar los ojos de los niños

transformándolo todo para todos.

yo también sé

que a golpe y a porrazo

pero que no de golpe y porrazo

quitamos la maleza

para hacer el camino que queremos,

tan simple

como trabajar juntos sin que haya

un dueño del trabajo

que se alimente de toda la miseria;

como cambiarlo todo con las manos

para que quede libre su caricia

para poder amar mirándonos los ojos

sin tener que por fuerza preguntarnos

¿qué nos quitará este?

¿qué comemos mañana?

entonces ya sabremos

y nos quedará tiempo

para poder saber todas las cosas

que aún desconocemos.

Angelamaría Dávila, *Animal fiero y tierno*, 1977

LA CAZA INÚTIL

Se acabó la palabra al borde mismo
de contenerte en última vislumbre.
Trampa de polvo azul sobre el abismo
a ti, diáfana pieza de la cumbre.

Por gándaras de sueño, cetrería.
Reiteración constante de emboscada,
y tú –cifra inefable de poesía,
magia verbal– al cazador hurtada.

Hurtada al cazador, pero fundido
tu huir a mi buscar, gracias del arte
que a órbita amorosa nos ha uncido...

Día a día renuncio de buscarte,
pero vuelvo al quehacer más trascendido
y más iluminado de encontrarte.

Luis Palés Matos, 1957

JOSÉ MELÉNDEZ CONTRERAS
Campanario, 1958. Óleo sobre masonite. 29-5/8" x 34"
Museo de Historia, Antropología y Arte, Recinto de Río Piedras

EPIFANIO IRIZARRY
Veleros, 1957. Óleo sobre masonite. 19-1/2" x 24"
Museo de Historia, Antropología y Arte, Recinto de Río Piedras

OLGA ALBIZU
Paisaje tirolés, c. 1958-59. Óleo sobre lienzo. 24" x 24"
Museo de Historia, Antropología y Arte, Recinto de Río Piedras

CARLOS OSORIO
Paisaje con puente, 1959. Pintura de serigrafía sobre cartón. 26" x 38"
Museo de Historia, Antropología y Arte, Recinto de Río Piedras

MIGUEL A. RÍOS

Composición, 1959. Óleo sobre madera. 36-1/4" x 40"

Museo de Historia, Antropología y Arte, Recinto de Río Piedras

DOMINGO GARCÍA
Looking Peña, 1960. Óleo sobre masonite. 27-5/8" x 35-5/8"
Museo de Historia, Antropología y Arte, Recinto de Río Piedras

ÓLEO SEGUNDO

Se arropan los tablones,

los tablones hinchados

por tanta agua.

Agua fangosa, fértil,

brazo agrio que arrastra.

Cuando no queda nada...

Queda un mundo plomizo

de fango incierto.

El bote oscuro, endeble,

llega al consuelo donde

va la mano del hombre

por agarrar el remo.

Alguna silla flota

inundada, sin cuerpo.

Una caja, un vestido

inflado por el viento.

El cielo es otro mar,

tapado de circuito,

quieto y revuelto.

La mano boca arriba

agarra el remo

cuando todo se ha ido.

Ya la casa no es casa

cuando todos han muerto.

Las tablas dan al agua

de cobalto mugriento,

Todas las casas

con el agua se fueron.

al agua abandonada

en yerbazos y estiércol,

al agua que de sorda

se ha vuelto rezo.

Violeta López Suria, *Poemas a la cáncora*, 1963

DAVID ALFARO SIQUEIROS
Mujer en el mezquital, 1960. Óleo sobre masonite. 43-1/2" x 37-3/4"
Legado José Trías Monge

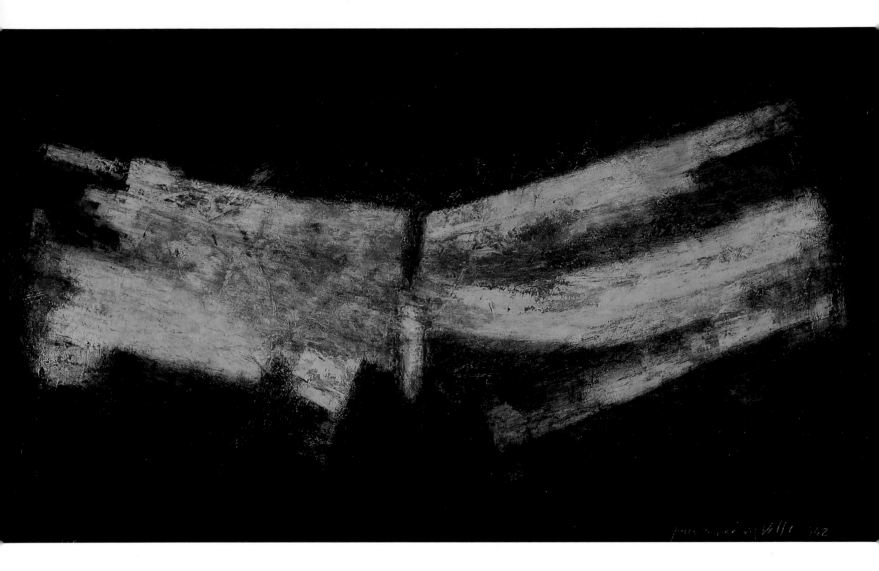

JULIO ROSADO DEL VALLE

Movimiento, 1962. Óleo sobre masonite. 30" x 50" con marco

Colección de la Junta de Síndicos

JOSÉ R. OLIVER
La armada invencible, 1961. Polímero acrílico sobre masonite. 26" x 33-3/4"
Legado José Trías Monge

FIRMES RESOLUCIONES DE MARTÍNEZ

Cumplir la ley, honrar los reglamentos,

esquivar el zarpazo de la bestia,

alabar locamente las estatuas,

celebrar la ciudad de los relojes,

navegar por los mares del almíbar,

colonizar las islas del deseo.

Luego allí, construir las catedrales

y las definiciones de los héroes

y olvidar todo en las mañanas solas

y siempre hay algo que en la luz perdura.

José Trías Monge, *Testimonio*, 2000

CARLOS RAQUEL RIVERA
La enchapada, 1960-62
Óleo sobre masonite. 20-3/4" x 9"
Museo de Historia, Antropología y Arte, Recinto de Río Piedras

CARLOS RAQUEL RIVERA
Retrato de Antonio Maldonado, 1963. Óleo sobre tabla. 20-1/2" x 13-1/2"
Museo de Historia, Antropología y Arte, Recinto de Río Piedras

OSIRIS DELGADO
Homenaje a Cristóbal Ruiz, 1963.
Óleo sobre lienzo. 46" x 33-1/4"
Museo de Historia, Antropología y Arte,
Recinto de Río Piedras

FRANCISCO RODÓN
Retrato de Arturo Trías, 1964. Óleo sobre masonite. 41" x 29-3/4"
Legado José Trías Monge

JULIO ROSADO DEL VALLE

Ostiones, 1964. Óleo sobre panel de madera de pino. 33" x 35-1/2"

Colección de la Junta de Síndicos

FANTASÍA DEL AGUA

El mar es una caja de maravillas

que abre flores de piedra por sus orillas.

Rueda la flor morada de las almejas

y el tejido de carne de las estrellas.

En las olas que labran aguamarinas

crecen árboles blancos de sales finas.

Cada forma es un sueño que caracola

desde su pensamiento ola tras ola.

Cada leve juguete dice el hallazgo

que al mar revela siempre su pecho amargo.

El mar me da los rizos de piedra breve

y los molinos tiernos de olas que vuelven.

El mar se va conmigo y en él me encuentro

por el aguacamino del sentimiento.

Con los poritos claros, flores de piedra

derrama de sus brazos de agua a la orilla.

El mar tiene secretos que me recuerdan.

El mar es una caja de maravillas.

Laura Gallego, *Celajes*, 1951-1953

JULIO ROSADO DEL VALLE
Tejas, s.f. Óleo sobre lienzo. 42-3/4" x 42-3/4" con marco
Colección de la Junta de Síndicos

ENRIQUE TÁBARA
El hechicero, 1965. Acrílico sobre relieve en madera. 48" x 42"
Recinto de Mayagüez
Fotógrafo: Carlos Díaz

BERNARD BUFFET
Bateaux bretons à la mer, 1965. Óleo sobre lienzo. 44" x 57-1/8"
Legado José Trías Monge

ÁNGEL BOTELLO
Las huríes, s.f. Óleo sobre masonite. 45-1/4" x 35-1/4"
Legado José Trías Monge

ROBERTO ALBERTY TORRES ("Boquio")
Pordiosero de la muerte, 1965. Óleo sobre lienzo. 61-5/8" x 24"
Museo de Historia, Antropología y Arte, Recinto de Río Piedras

LAS NOCHES ROJAS

a Roberto Alberty y a su pintura

¡Vibra! la noche roja,
se arrolla en arma ardiente;
loco espeso,
con el hielo invernal
de los crepúsculos,
noches en cien musgones ateridos
de cerrazón que arranca el tiempo rígido
al manjar del sonido,
del pensar.
Así se encienden cúpulas:
perales de relojes
lejanos extendidos,
rápido haz de encrucijadas táctiles
y móviles,
de ruegos, fuegos rápidos,
tendidos de pesar.
Y húsares escondidos
asoman sus cabezas y sus capas
lejos de un corazón verde encendido
en violetas y cápsulas heridas,
lejanos de las noches de Moscú;
capotes de la nieve
en el frío del mar
que anuda gritos.
Las versátiles cuerdas de las torres
se alzan en el doquier de lontananza:
blanco que quiebra gris del asaetar;
yermo del zumo amargo del sentido.

¡Oh entendida violeta del soñar
requiebra el corazón
y anuda voces!
En las cúpulas verdes del soñar
se encuentra un alto pájaro encendido.

Yo ya quisiera andar por esas calles
que añuda el corazón de atardeceres,
parecer de mejor encuentro solo.
Yo ya quisiera ser una violeta,
roja de presentir,
y hurgar en quioscos de parques,
de recreos escondidos.
En encendidos borbotones rubios
beber el vodka y el champagne hirsuto;
melenas del soñar en cascarones
que hurguen mi corazón.
Yo ya quisiera andar por esos parques
dorados por el sol de atardeceres,
ver cúspides y gnotos en lugares
de suave y blando y rojo
penar arrepentido.

¡Yo ya quisiera andar por esas calles!
Y en espátulas verdes de las algas
alzar copones largos
y expandidos.

Marina Arzola (inédito)

TRAZOS

Augusto Marín con dedos rigurosos

alisa en el espacio de un ala de paloma

vientres burbujas larvas

recintos poderosos donde habita creciendo

la muchedumbre mínima del semen

por eso y tantas cosas

se desprenden del hombre criaturas

con el peso reciente de la nube en el agua

si pinta

las mujeres amadas le nacen del costado

entre un fragor de piedras inocentes

el hombre se resigna a su propia presencia

un día llora

y de la tinta recia de sus hijos

asigna a la cabeza de Betances

el resplandor de un cedro atormentado

así conocí a Augusto sorprendido

celebrando la suerte de un pedazo de alambre

riendo como un gnomo que sufre sus juguetes

y no cesa de hacerlos

AUGUSTO MARÍN. *Vulcano*, 1965
Acrílico sobre masonite. 48" x 48"
Museo de Historia, Antropología y Arte, Recinto de Río Piedras

Edwin Reyes, *El arpa imaginaria*, 1998

TU ROSTRO DE CIELO

Con tu juego de joyas danzantes.

Más testigo que el alto águila.

Perdida en las cunas y pequeñas sábanas

de una alegría de alabastro.

Por encender tus nubes.

Al desatar mis relojes.

Como si pintaras los espejos

para nunca mirarte en ellos.

Tan siquiera tu sol

congelado como un puente,

la devoración de tantas palabras.

En tu regazo

el huracán del futuro

se erige como tótem,

sueño de piedra y risa tentacular.

La aurora gatea

y desprende sus gajos burbujeantes.

Rubén Alejandro Moreira, *Canciones a mi amiga amor*, 1985-86

ROGELIO POLESELLO
Número 4 Gold, 1966. Laca sobre lienzo. 68" x 70"
Recinto de Mayagüez
Fotógrafo: Carlos Díaz

LUIS G. CAJIGA
La Perla II, 1966. Acrílico sobre masonite. 24" x 32"
Museo de Historia, Antropología y Arte, Recinto de Río Piedras

JOSÉ R. OLIVER
Techos de arrabal, 1967. Polímero sobre masonite. 30" x 23-3/4"
Museo de Historia, Antropología y Arte, Recinto de Río Piedras

FÉLIX RODRÍGUEZ BÁEZ
Paisaje, 1968. Óleo sobre lienzo. 32" x 36"
Museo de Historia, Antropología y Arte, Recinto de Río Piedras

SAMUEL SÁNCHEZ
Monte de Barrio Nuevo, 1968. Óleo sobre masonite. 30-1/4" x   40-1/4"
Museo de Historia, Antropología y Arte, Recinto de Río Piedras

LUIS HERNÁNDEZ CRUZ
Médano, 1968. Acrílico sobre lienzo. 53-5/8" x 59-3/4"
Museo de Historia, Antropología y Arte, Recinto de Río Piedras

EN ESTA QUIETA ORILLA

No turba el aire quieto

el pájaro,

turba el cielo del alma

que le está deseando.

No turba el horizonte

el árbol,

turba los ojos grises

que ahora le están mirando.

No turba el agua clara

el astro,

turba el agua del sueño,

que le está reflejando.

Todo en el mundo luce

su esplendor y su cántico.

En esta quieta orilla

el hombre está soñando.

Luis Hernández Aquino, *Tiempo y soledad*, 1945

RAFAEL CORONEL
Piero de la Francesca, 1969. Óleo sobre lienzo. 49-1/4" x 49-1/4"
Colección Universidad de Puerto Rico

La patria es mucho más que el pedazo de tierra en que se nace, y mucho más que las cosas visibles y tangibles que nos rodean desde el nacimiento. La patria es pasado, es decir, tradición, cultura patrimonial. La patria es presente, obra en devenir, creación particular y colaboración de todos sus hijos, rectificación de los errores del pasado, cuidado amoroso de la herencia recibida, enriquecimiento activo y constante de esa herencia con los esfuerzos de hoy. La patria es también, y sobre todo, futuro, aspiración a una mayor plenitud, voluntad de transmitir y perpetuar el caudal heredado, habiéndolo acrecido a la medida de nuestras fuerzas.

Margot Arce de Vázquez,

Hostos, patriota ejemplar, 1950

MARÍA RODRÍGUEZ SEÑERIZ
Retrato de Margot Arce de Vázquez, 1970. Pintura a temple. 24" x 18"
Colección Puertorriqueña, Biblioteca J. M. Lázaro, Recinto de Río Piedras

XLVII

Energía,

carne de luz,

espíritu de nardo,

tus soles misteriosos

abortan nuevos astros...

Se abren los caminos,

se redimen los pasos...

¡Porque el hombre transita

el balance soñado

una imagen se prende

al fulgor de unos labios!

Loreina Santos Silva, *Motor mutable*, 1984

TOMIE OHTAKE
Amarello, 1970. Óleo. 71-1/2" x 67-3/4"
Recinto de Mayagüez
Fotógrafo: Carlos Díaz

La poesía existirá mientras exista el problema de la vida y de la muerte. El don del arte es un don superior que permite entrar en lo desconocido de antes y en lo ignorado de después, en el ambiente del ensueño o de la meditación. Hay una música ideal como hay una música verbal. No hay escuelas; hay poetas. El verdadero artista comprende todas las maneras y halla la belleza bajo todas las formas. Toda la gloria y toda la eternidad están en nuestra conciencia.

Rubén Darío, *El canto errante*, 1907

FRANCISCO RODÓN
Muerte de Rubén Darío, 1971. Óleo sobre lienzo. 54-1/4" x 78"
Museo de Historia, Antropología y Arte, Recinto de Río Piedras

MYRNA BÁEZ
La lámpara Tiffany, 1975. Acrílico sobre lienzo. 54" x 72"
Museo de Historia, Antropología y Arte, Recinto de Río Piedras

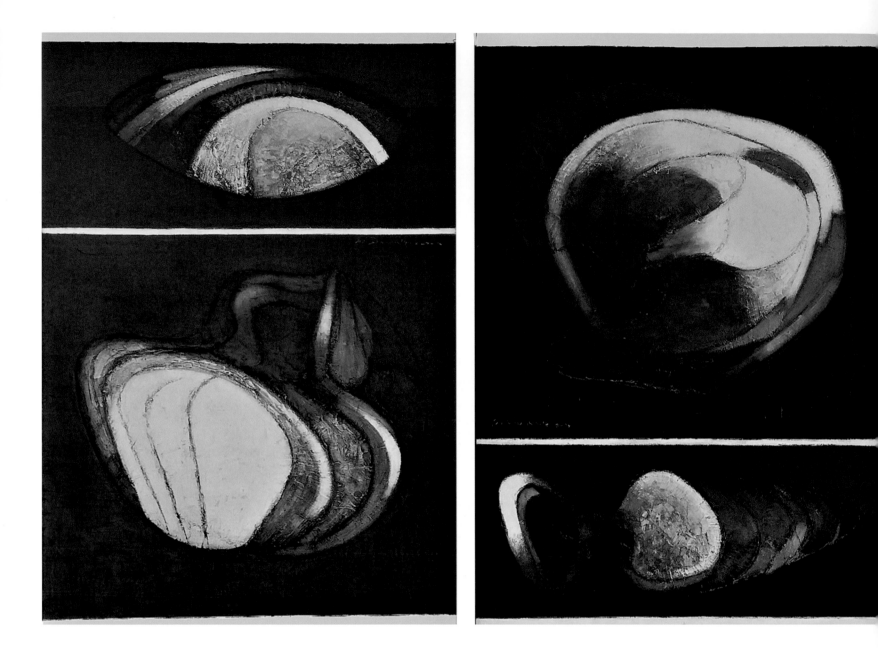

JULIO ROSADO DEL VALLE
Caracoles (tríptico), c. 1975. Óleo sobre tres paneles de masonite.   6' x 4' c/u
Colección Universidad de Puerto Rico

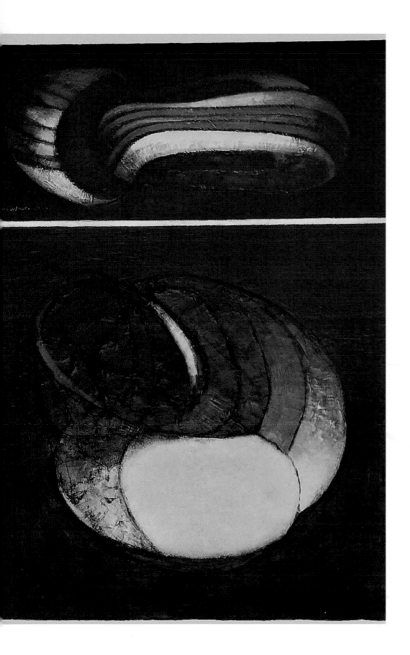

LA BAHÍA DE SAN JUAN

Llego a tu lado y te veo recorrida por el oleaje y las corrientes,

a lo largo de tus profundos pasadizos y canales.

La isla de Cabra, la costa del pueblo de Cataño

y la isleta de San Juan te dan forma y te contienen

en su zanja milenaria, junto a un mundo de animales

misteriosos e invisibles que se arrastran en el fondo de tu casa

enguantada por el limo.

Hay docenas de ojos invisibles que te miran desde el aire;

ellos buscan en tu clara superficie, una estela que refleje

la inocencia de los peces, bajo el cielo enmarañado

de la tarde.

Los he visto cuando ascienden, cuando toman su distancia

y comienzan su embestida, cuando el pico se transforma

en la punta silenciosa de un cuchillo que se hunde

en la blanca superficie de tu cuerpo y se traga

los espasmos de la carne.

En la curva de tu vientre, se desnuda la carroña

de los peces, destazada por el pico de las aves.

No hay memoria, ni una historia de sus muertes

o el relato de sus viajes; todo es flujo,

como el brillo rojo que te arropa con sus telas minerales

y las luces que oscurecen finalmente la negrura...

Sólo queda el continuo revolverse de las olas

en la cara ciega de la noche y el constante

golpeteo de las aguas contra el muro.

Fernando Cros, *Fragmentos del habla* (inédito)

POEMA II

Di, ¿no maduras ya el puro intelecto
–sabia elección– como una flor tardía?
Recomienza... ¿Alcanza lo perfecto
lo que destruye, alcanza el alto día

del Infinito? ¿Alcanza el Mediodía?
Angel arcaico que con torpes alas
perece. Niño del tiempo, en galas
de firmeza total, la melodía

de un templo de oro milenario nombra.
Circuído transforma bajo el cieno
la imagen viva en transparente suerte.

Un eco capta espléndido en la sombra
y un cambio en el reposo, desde el seno
del dios, hecho presencia de la Muerte.

Jaime Vélez Estrada, *Poemas del Washington Square*, 1958

JAIME ROMANO
Icaria IX, 1976. Acrílico sobre lienzo. 36" x 36"
Museo de Historia, Antropología y Arte, Recinto de Río Piedras

CARLOS COLLAZO
Bodegón I, 1983. Óleo sobre lienzo. 36" x 48"
Museo de Historia, Antropología y Arte, Recinto de Río Piedras

OSCAR MESTEY VILLAMIL
Visión X: Festival, 1985. Acrílico sobre lienzo. 29-1/2" x 39-1/2"
Museo de Historia, Antropología y Arte, Recinto de Río Piedras

EN TU CIELO...

En tu cielo,

yo seré como el aire:

todo albura.

Y seré como el mar

que no fina

porque no lo ha vencido

la distancia.

Tú me serás más dulce

–suave al tacto–,

y más suave a mis labios

deseosos

de ti, pura en mi sueño.

Tú serás lo ideal

realizado,

sin resabios inútiles

de imperfecta

trasparencia perdida.

En tu cielo,

yo seré como el aire:

todo albura.

Jorge Luis Morales, *Metal y piedra*, 1952

RAPHAEL COLLAZO
Middle healing gardens, 1987-1988. Pintura sobre papel: óleo, collage, carbón. 30" x 22"
Colección de las Artes, Biblioteca J. M. Lázaro, Recinto de Río Piedras

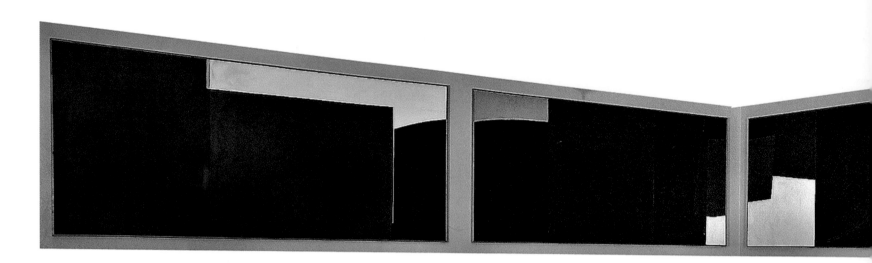

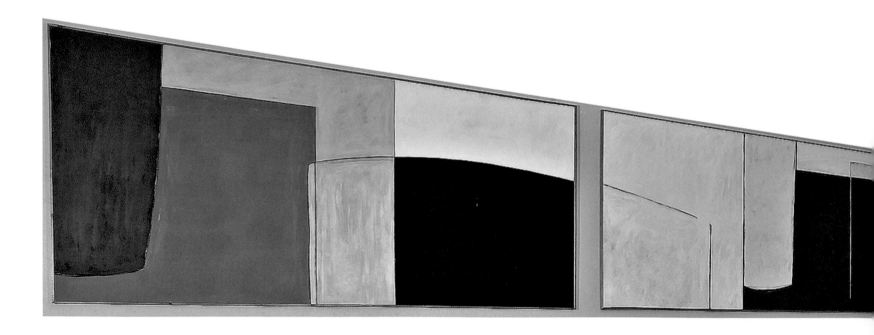

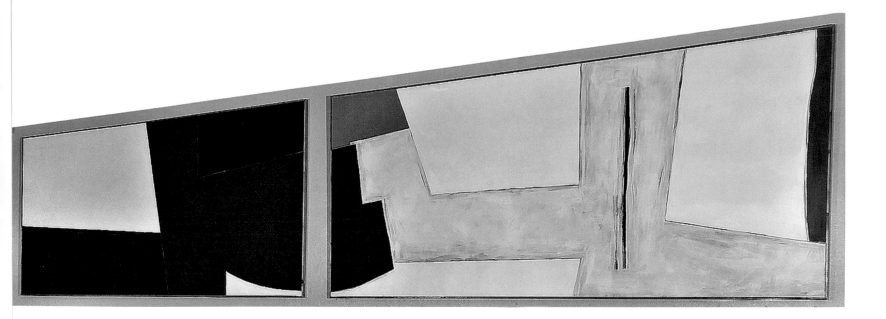

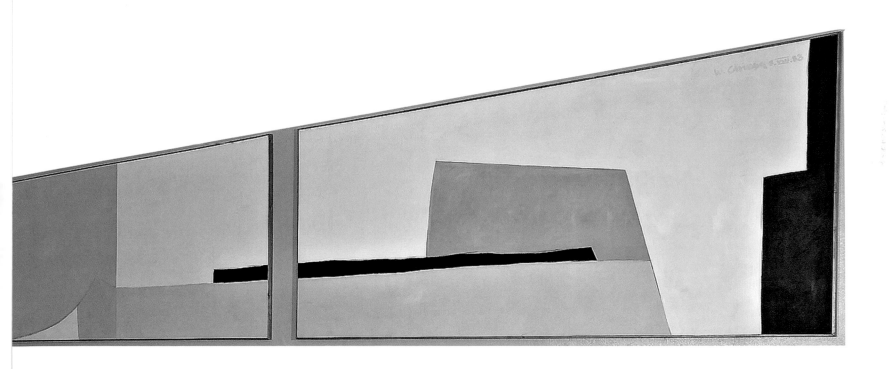

WILFREDO CHIESA.
Res ipsa loquitur, 1988. Acrílico sobre lienzo. 9 paneles   6' x 12' c/u
Colección Escuela de Derecho, Recinto de Río Piedras

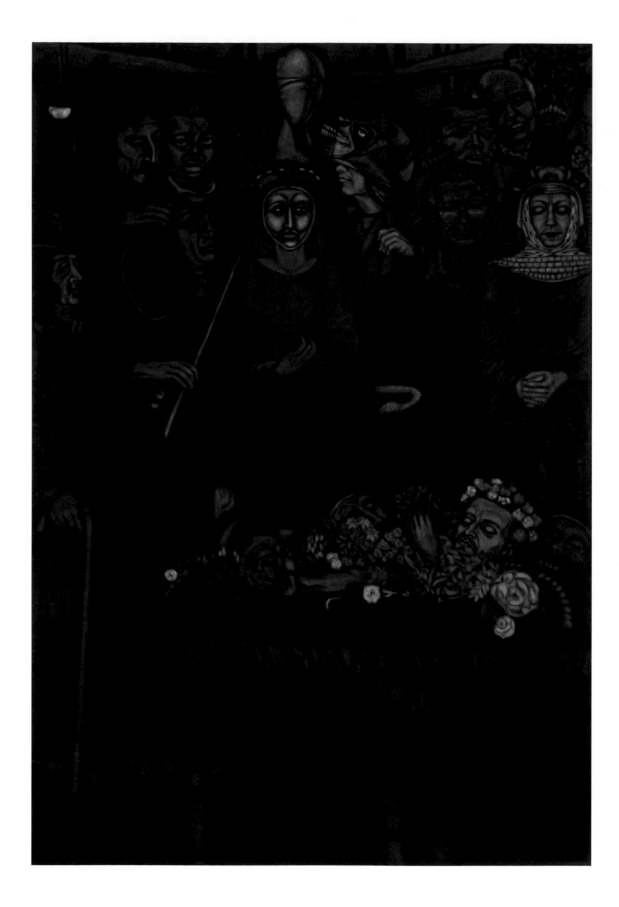

ELIZAM ESCOBAR
Baquiné de Eros, 1991. Óleo sobre lienzo. 70" x 48"
Museo de Historia, Antropología y Arte, Recinto de Río Piedras

MARCOS IRIZARRY
Sin título, 1991. Collage y acrílico sobre tela. 28-3/4" x 28-3/4"
Colección Marcos Irizarry, Recinto de Mayagüez
Fotógrafo: Carlos Díaz

MARCOS IRIZARRY
Tiznit, 1994. Óleo sobre lienzo. 66-1/4" x 53"
Museo de Historia, Antropología y Arte, Recinto de Río Piedras

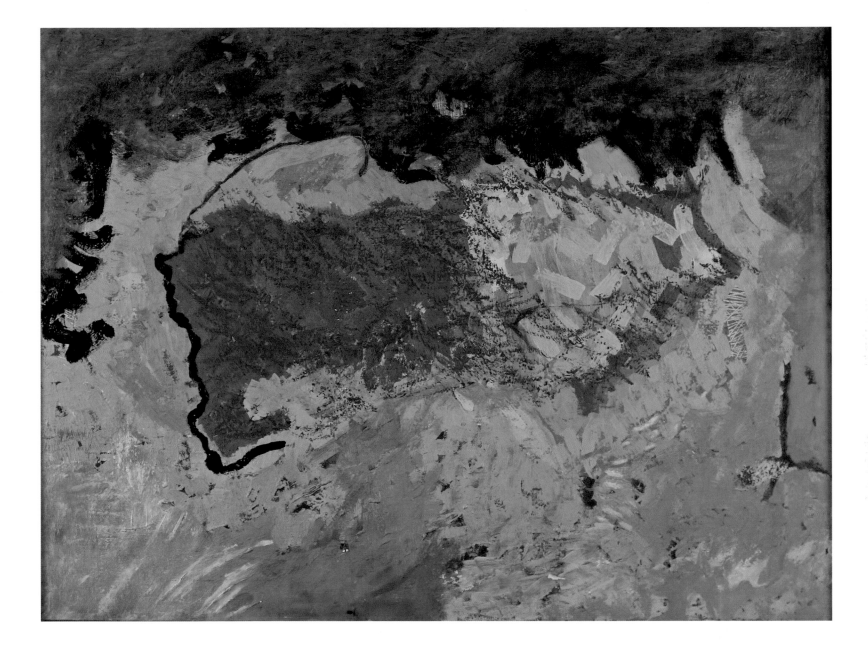

MARÍA DE MATER O'NEILL
Mapa I, 1993. Óleo, crayón de óleo y encáustica sobre lienzo. 36" x 48"
Museo de Historia, Antropología y Arte, Recinto de Río Piedras

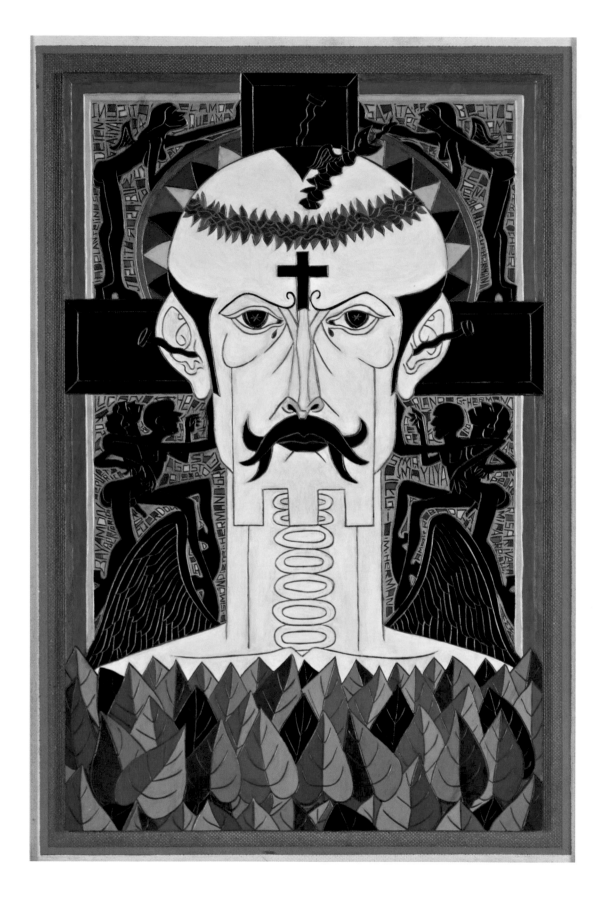

JOSÉ ROSA
Yo pecador II, 1994. Óleo pictográfico. 24" x 15-1/4"
Museo de Historia, Antropología y Arte, Recinto de Río Piedras

LIONEL ORTIZ MELÉNDEZ
Paisaje desde la ventana, 1999. Acrílico sobre lienzo. 16" x 16"
Museo de Historia, Antropología y Arte, Recinto de Río Piedras
Fotógrafo: Jesús Emilio Marrero

CARMELO SOBRINO
Atlántico, 1997. Óleo sobre lienzo. 43" x 50"
Museo de Historia, Antropología y Arte, Recinto de Río Piedras

VARIACIÓN IX

Tiempo de isla (fragmento)

¿Quién me llama por la voz
de un ave que pía?

¿Qué amor me quiere, qué amor
me inventa caricias,

escondido entre dos aires,
fingiéndose brisa?

La palmera ¿quién la ha puesto
–la que me abanica

con soplos de sombra y sol–
donde yo quería?

La arena ¿quién la ha alisado,
tan lisa, tan lisa,

para que en rasgos levísimos
la mano me escriba,

de amante que nunca he visto,
de amante escondida,

entre pudores de espuma,
mensajes de ondina?

¿Por qué me dan tanto azul,
sin que se lo pida,

el cielo que se lo inventa,
el mar, que lo imita?

¿Cuál fue el dios que un día octavo
me trazó esta isla,

trocadero de hermosuras,
lonja sin codicia?

Aquí tierra, cielo y mar,
en mercaderías

de espuma, arena, sol, nube,
felices trafican;

sin engaño se enriquecen
–ganancias purísimas–,

luceros dan por auroras,
cambian maravillas.

Tiempo de isla: se cuenta
por mágicas cifras;

la hora no tiene minutos:
sesenta delicias;

pasa abril en treinta soles,
y un día es un día.

¿Quién, llevándose congojas
dio forma a la dicha?

Pedro Salinas,
El contemplado: tema con variaciones, 1946

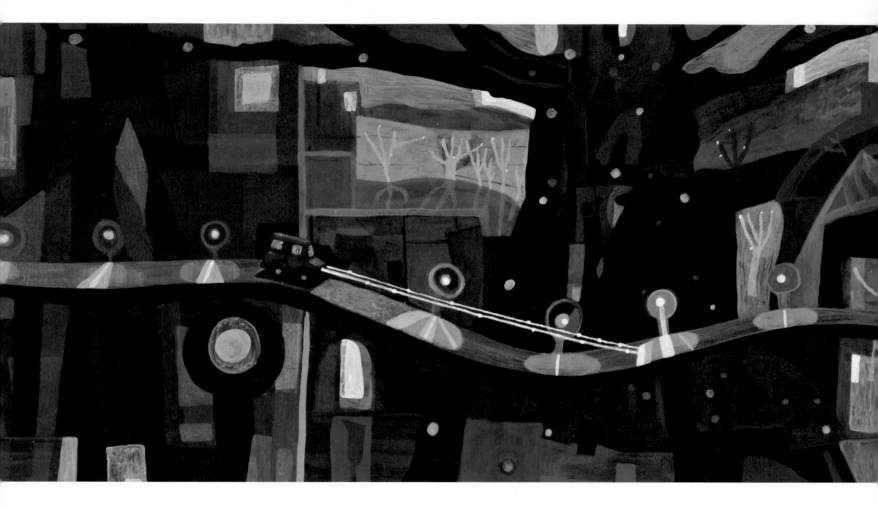

NORA RODRÍGUEZ
Ballets de San Juan, 2001. Acrílico sobre madera. 19-3/8" x 54-1/4"
Museo de Historia, Antropología y Arte, Recinto de Río Piedras

A la que busca besos para su sensatez

que nunca la despierten

que la dejen

sola con sus sacos en acecho.

ella está buscando besos para su sensatez.

succiones, es decir

puentes bilabiales como cruces que señalen

la muerte de un transeúnte en carretera

o una parada de azar acechándose huequitos; es decir

que la exégeta

busca sucesos aleatorios, accidentales sucesos que revelen

donde ella pudo haber alguna vez tenido

su manera de escoger, su manera

de no mentirse nunca más al nombre

ni de inventarse siquiera un artefacto entre

ella y la extensión de su improperio.

que la dejen sola y ni le hablen.

ella busca besos para su sensatez;

la azarosa obtención de un diminuto estado

sin más saco que el amniótico y deshecho

suspiro a medio atomizar.

Mayra Santos Febres, *Tercer mundo*, 2000

ENRIQUE RENTA DÁVILA
Tierra, 2003. Medio mixto. 72" x 60"
Colección de la Universidad de Puerto Rico

ANTHONI KOBERGER
Ilustraciones para la Biblia de Nuremberg, 1483. Xilografía y acuarela. 4-5/8" x 7-3/8"
Museo de Historia, Antropología y Arte, Recinto de Río Piedras

FRANCISCO DE GOYA
Carretadas al cementerio, 1810
Aguafuerte, aguatinta, punta seca
5-3/8" x 7-1/8"
Museo de Historia, Antropología y Arte,
Recinto de Río Piedras

FRANCISCO DE GOYA
Yo lo vi, 1810
Aguafuerte, aguatinta, punta seca
5-1/4" x 7-5/8"
Museo de Historia, Antropología y Arte,
Recinto de Río Piedras

EDOUARD MANET
Lola de Valence, 1862. Aguafuerte y aguatinta. 10-5/16" x 7-1/4"
Museo de Historia, Antropología y Arte, Recinto de Río Piedras

PIERRE BONNARD
La Revue Blanche, 1894. Litografía a color. 29-1/2" x 23"
Museo de Historia, Antropología y Arte, Recinto de Río Piedras

HENRI TOULOUSE LAUTREC
May Milton, 1895. Litografía a color. 30-7/8" x 23-7/8"
Museo de Historia, Antropología y Arte, Recinto de Río Piedras

HENRI MATISSE
Danseuse debout accoudée, 1927. Litografía. 18-1/8" x 10-15/16"
Museo de Historia, Antropología y Arte, Recinto de Río Piedras

DIEGO RIVERA
Autorretrato, 1930. Litografía. 14-3/4" x 11-1/8"
Museo de Historia, Antropología y Arte, Recinto de Río Piedras

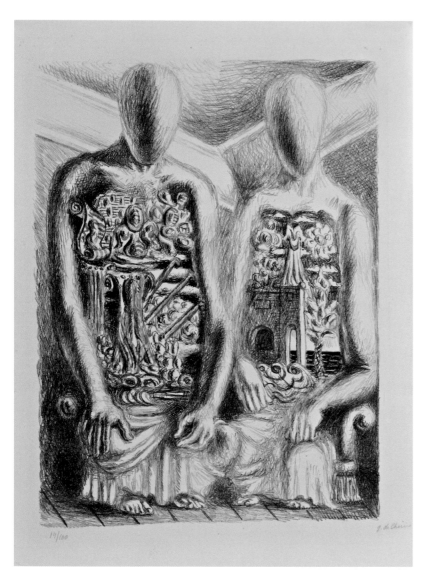

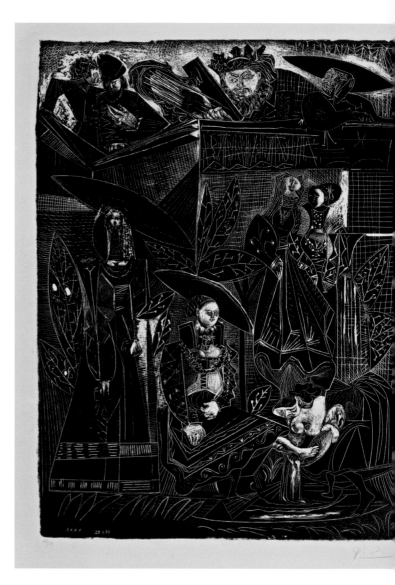

GIORGIO DI CHIRICO
Dos figuras sentadas, 1931. Litografía a color. 15-3/4" x 11-3/4"
Museo de Historia, Antropología y Arte, Recinto de Río Piedras

PABLO PICASSO
David y Betsabé, 1949. Litografía. 25-5/8" x 19"
Museo de Historia, Antropología y Arte, Recinto de Río Piedras

PABLO PICASSO
Femme au fauteuil, 1949. Litografía. 27-7/16" x 21-1/2"
Museo de Historia, Antropología y Arte, Recinto de Río Piedras

RUFINO TAMAYO
Paysage aztéque, 1950. Litografía a color. 13-1/4" x 19-3/4"
Museo de Historia, Antropología y Arte, Recinto de Río Piedras

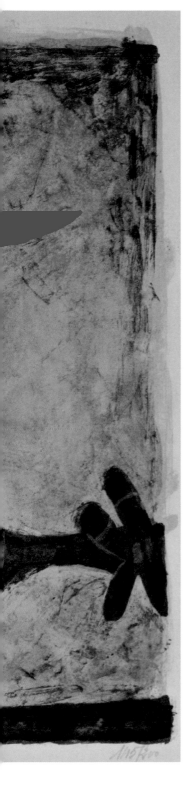

HAY ALGO EN MÍ QUE NO MUERE

Hay algo en mí que no muere,

los pasos lejanos de un leopardo en el corazón de una selva,

el temblor de las alas de un pájaro

en el frío de la mañana transparente,

la sombra de un pez

perdida entre los infinitos reflejos del mar,

las huellas de un animal desconocido

y las huellas de un hombre detrás de ese animal,

una cascada reflejada en un espejo que un pintor mira

mientras la pinta sobre un lienzo,

y los reflejos

del aire entre la cascada, el espejo y el lienzo.

Yvonne Ochart, *El libro del agua,* 1996

Limpiar los ojos

Amo el paréntesis también

su forma de limpiar los ojos

su ojal de pensamiento

el cincel que saca el moho

del corazón

como amo también

a la palabra y el contorno

que la desborda y la abandona.

Félix Córdova Iturregui, *Canto a la desobediencia*, 1998

JEAN HANS ARP
Constellation, 1951. Xilografía a color. 20-1/8" x 14-1/4"
Museo de Historia, Antropología y Arte, Recinto de Río Piedras

La vida es corta y debemos aprovecharla en su
máxima capacidad, siendo más expresivos,
alegres y un tanto despreocupados... Sé por
experiencia, lo que significa preocuparse por
la creación, originalidad y calidad de una
obra. Ello exige mucho trabajo, dedicación,
pensamiento y, a veces, muchos
sacrificios. Pero si uno trabaja con el espíritu
alegre, con esa alegría que
produce el crear algo nuevo, con la
esperanza puesta en el presente que
vivimos plenamente, y en el futuro en el cual
confiamos todos nuestros sueños y
esperanzas, todo se hace más fácil,
todo más sencillo.

Carlos Marichal, c.1966

CARLOS MARICHAL
Palma real, 1954. Xilografía a contra fibra. 6-1/8" x 3-1/2"
Museo de Historia, Antropología y Arte, Recinto de Río Piedras

CARLOS RAQUEL RIVERA.
Huracán del norte, 1955. Linóleo. 12" x 15-7/8"
Museo de Historia, Antropología y Arte, Recinto de Río Piedras

CANCIÓN DE SIEMPRE

Puse, sobre la poesía,

mi bandera y mi pistola,

y tal hizo mi alma sola

su vela de armas un día.

Hice del bosque castillo.

Logré, con su hoja dorada,

tocara mi hombro la espada

de un relámpago amarillo.

Me abrí el brazo para ver

juntas mi sangre y mi estrella.

Aún siento la luz aquella

por mis adentros correr.

Juan Antonio Corretjer,

Canciones de Consuelo que son

canciones de protesta, 1971

CARLOS RAQUEL RIVERA
La masacre de Ponce, 1956. Linóleo. 12-1/4" x 9-1/4"
Museo de Historia, Antropología y Arte, Recinto de Río Piedras

ALEXANDER CALDER

Colisión en colores, s.f. Litografía comp. y papel. 21-1/2" x 29-1/2"

Colección de la Universidad de Puerto Rico

JOSÉ A. TORRES MARTINÓ
Mater atómica, 1962. Xilografía. 34" x 24-3/4"
Museo de Historia, Antropología y Arte, Recinto de Río Piedras

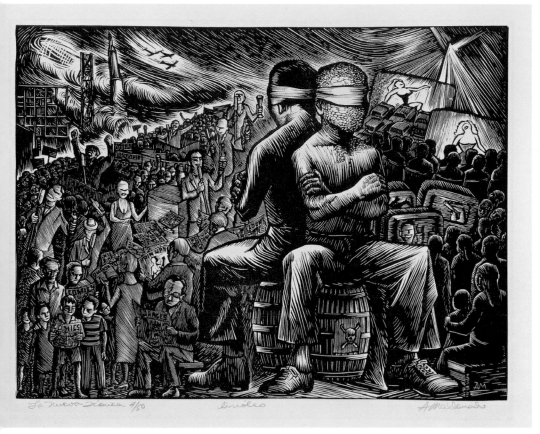

ANTONIO MALDONADO

La nueva técnica, 1964. Linografía. 20" x 21-3/4"

Museo de Historia, Antropología y Arte, Recinto de Río Piedras

RAFAEL TUFIÑO

La Botella, 1963. Xilografía. 30-3/4" x 13-1/2"

Museo de Historia, Antropología y Arte, Recinto de Río Piedras

RAFAEL TUFIÑO

La plena, 1967. Serigrafía. 29-1/8" x 19-1/4"

Donación de GlaxoSmithKline

Museo de Historia, Antropología y Arte, Recinto de Río Piedras

RAFAEL TUFIÑO

El santero, c.1967. Serigrafía. 30-1/8" x 19-1/ 2"

Donación de GlaxoSmithKline

Museo de Historia, Antropología y Arte, Recinto de Río Piedras

LORENZO HOMAR
Unicornio en la isla, 1965. Xilografía. 20" x 48"
Museo de Historia, Antropología y Arte, Recinto de Río Piedras

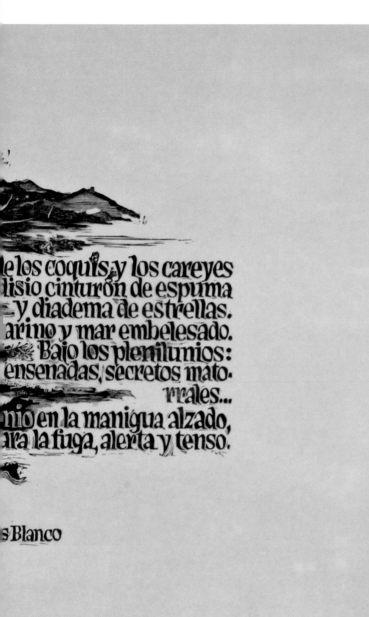

UNICORNIO EN LA ISLA

Isla de la palmera y la guajana

con cinto de bullentes arrecifes

y corola de soles.

Isla de amor y mar enamorado.

Bajo el viento:

los caballos azules con sus sueltas melenas;

y, con desnuda piel de ascuas doradas,

el torso de las dunas.

Isla de los coquís y los careyes

con afrodisio cinturón de espuma

y diadema   de estrellas.

Isla de amor marino y mar embelesado.

Bajo los plenilunios:

húmedas brisas, mágicas ensenadas, secretos matorrales...

Y el unicornio en la manigua alzado,

listo para la fuga, alerta y tenso.

San Juan Bautista del Boriquén

Marejadas de Santos y Difuntos

Tomás Blanco, *Letras para música*, 1964

EL MAR Y TÚ

La carrera del mar sobre mi puerta

es sensación azul entre mis dedos,

y tu salto impetuoso por mi espíritu

es no menos azul, me nace eterno.

Todo el color de aurora despertada

el mar y tú lo nadan a mi encuentro,

y en locura de amarme hasta el naufragio

van rompiendo los puertos y los remos.

¡Si tuviera yo un barco de gaviotas,

para sólo un instante detenerlos,

y gritarles mi voz a que se batan

en un sencillo duelo de misterio!

Que uno en el otro encuentre su voz propia,

que entrelacen sus sueños en el viento,

que se ciñan estrellas en los ojos

para que den, unidos, sus destellos.

Que sean un duelo de música en el aire

las magnolias abiertas de sus besos,

que las olas se vistan de pasiones

y la pasión se vista de veleros.

Todo el color de aurora despertada

el mar y tú lo estiren en un sueño

que se lleve mi barco de gaviotas

y me deje en el agua de dos cielos.

Julia de Burgos,

El mar y tú y otros poemas, 1981

LORENZO HOMAR

Bonito norte a la cáncora (Gaviotas), 1967.

Xilografía, 47-3/4" x 27-1/4" comp., 59-3/4" x 36-1/2" papel

Colección de la Universidad de Puerto Rico

LORENZO HOMAR

Centenario del tenor Antonio Paoli, 1971. Serigrafía. 24-3/8" x 18-11/16"

Donación de GlaxoSmithKline

Museo de Historia, Antropología y Arte, Recinto de Río Piedras

ANTONIO MARTORELL

Mariana o el alba, 1965. Serigrafía. 31" x 30-3/16"

Donación de Glaxo SmithKline

Museo de Historia, Antropología y Arte, Recinto de Río Piedras

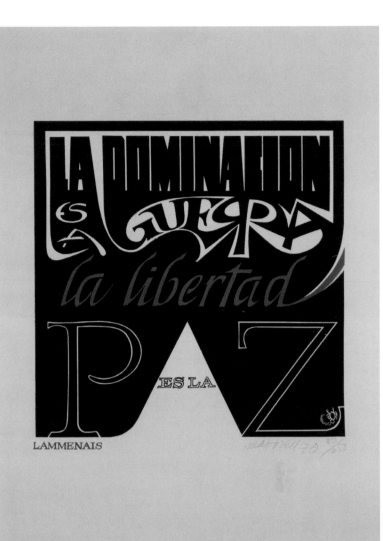

ANTONIO MARTORELL
La batalla de Argelia, 1969. Serigrafía. 35-3/8" x 23-1/4"
Donación de GlaxoSmithKline
Museo de Historia, Antropología y Arte, Recinto de Río Piedras

ANTONIO MARTORELL
La dominación es la guerra, libertad es la paz: Lammenais, 1970.
Serigrafía. 26" x 20"
Colección de las Artes, Biblioteca J. M. Lázaro, Recinto de Río Piedras

PALOMA SIN NOMBRAR

Un diminuto blancor sin sosiego,

una ciencia de llanto constelado,

un pie de oro sobre el yermo alado,

una fragancia detenida en ruego.

Una dolencia errátil de ser fuego,

un laberinto, un mar deshabitado,

una vigilia de lo azul, un hado

de estrella pensativa en que me anego.

Qué palabra mortal revive sola.

Tu olvido, qué penumbra sensitiva

hace rodar en la inmolada esfera.

Cae el silencio, muere una amapola.

Y tú en la noche con la muerte viva,

paloma sin nombrar la luz te espera.

Francisco Matos Paoli, *Teoría del olvido*, 1944

JOSÉ ALICEA
La paloma, 1966. Xilografía. 36-1/2" x 12"
Museo de Historia, Antropología y Arte, Recinto de Río Piedras

CARLOS IRIZARRY
Moratorium, 1969. Serigrafía. 22-3/16" x 30-1/16"
Donación de GlaxoSmithKlein
Museo de Historia, Antropología y Arte, Recinto de Río Piedras

MYRNA BÁEZ
El juez, 1970. Colografía. 27-1/4" x 22"
Museo de Historia, Antropología y Arte, Recinto de Río Piedras

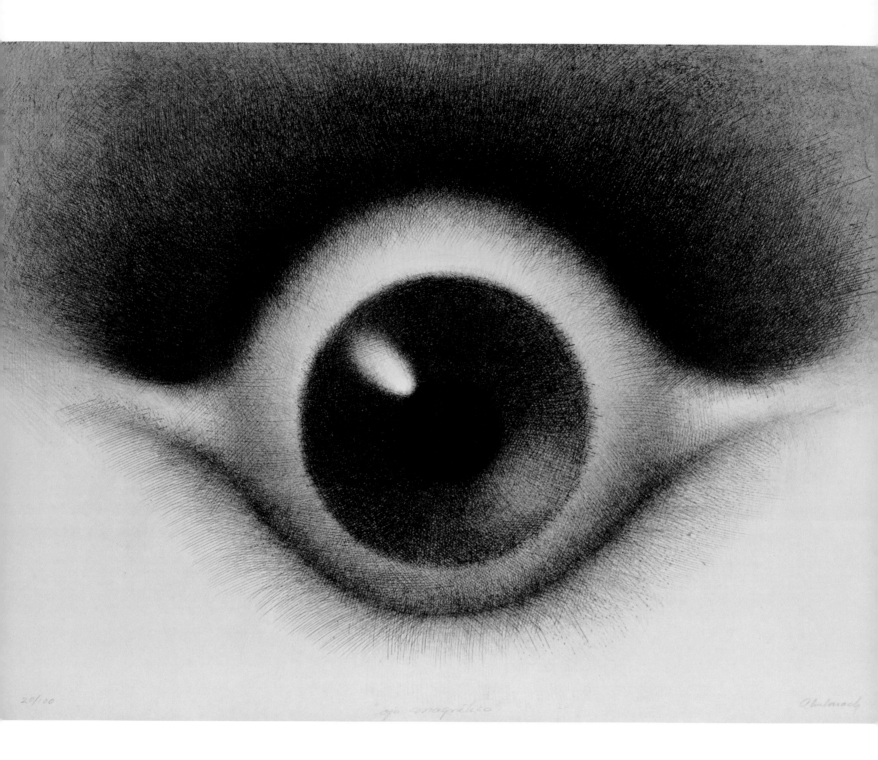

RODOLFO ABULARACH
Ojo magnético, s.f. Litografía. 22" x 29-3/4"
Museo de Historia, Antropología y Arte, Recinto de Río Piedras

OJO SOBREHUMANO

De lo más blanco en él –mejilla y frente–

brota el alba. Y la estrella, en fuego amante,

dice al amor, que es, por amor, ardiente,

cómo en su fuego amante está el amante.

Y el océano, en ímpetu ondeante,

en vasta imposición omnipotente,

es alba y es estrella y es semblante;

y en lo brillante universal se siente.

Y un ojo luce en circular zafiro.

¡El océano! ¡El ojo! Hay un suspiro

que traduce inquietudes y desvelos.

Y sus gotas gotea el océano

en el ojo, que es ojo sobrehumano

y que de su esplendor forja los cielos.

Evaristo Ribera Chevremont, *El semblante*, 1964

JOSÉ ROSA
Centenario de la abolición de la esclavitud, 1973
Donación de GlaxoSmithKline
Museo de Historia, Antropología y Arte, Recinto de Río Piedras

JOSÉ ROSA
Carnaval arroyano, 1973. Serigrafía. 26" x 20-1/4"
Donación de GlaxoSmithKline
Museo de Historia, Antropología y Arte, Recinto de Río Piedras

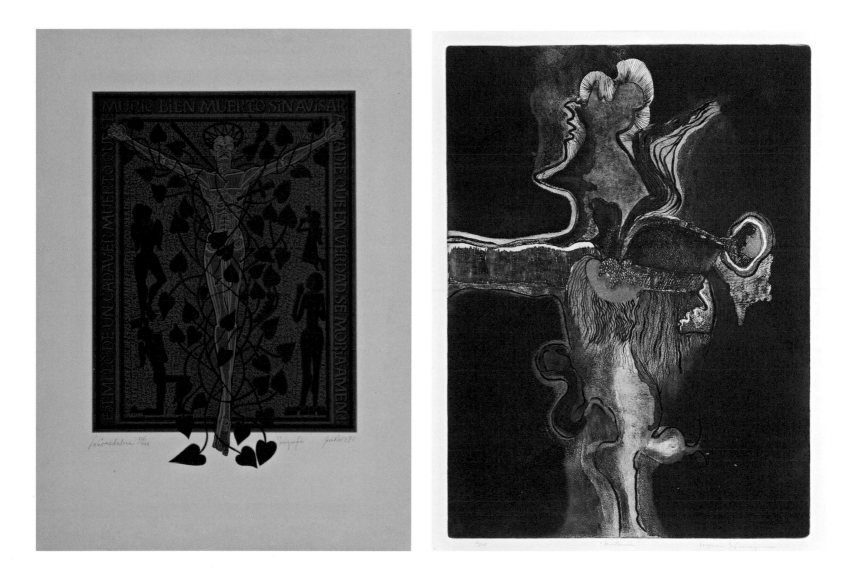

JOSÉ ROSA
Enredadera, 1975. Serigrafía. 21-1/2" x 15"
Museo de Historia, Antropología y Arte, Recinto de Río Piedras

MARÍA E. SOMOZA
Mutación, c. 1974. Aguafuerte a color. 23-3/4" x 17-1/2"
Museo de Historia, Antropología y Arte, Recinto de Río Piedras

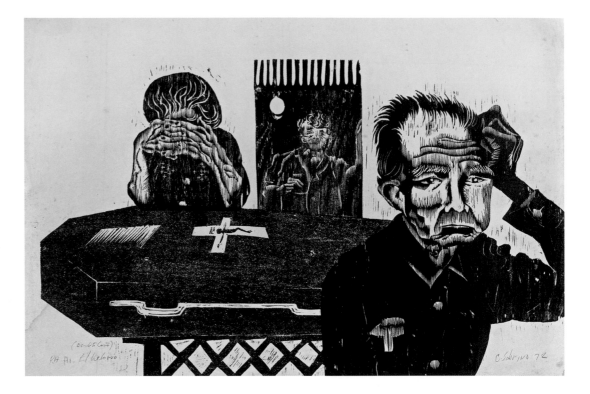

CARMELO SOBRINO
El velorio, 1972, p/a
Xilografía a color. 24-3/4" x 36-3/4"
Museo de Historia, Antropología y Arte,
Recinto de Río Piedras

LUIS ALONSO
El velorio, 1976. Xilografía. 34" x 48-1/2"
Museo de Historia, Antropología y Arte,
Recinto de Río Piedras

DESSIE MARTÍNEZ
Pobre amigo, 1976. Xilografía. 8-1/2" x 5"
Museo de Historia, Antropología y Arte, Recinto de Río Piedras

JOSÉ ROSA
Festejo, 1977. Xilografía. 18" x 12"
Museo de Historia, Antropología y Arte, Recinto de Río Piedras

JESÚS CARDONA

Reportaje, 1979. Xilografía. 21-3/4" x 37-5/8"

Museo de Historia, Antropología y Arte,

Recinto de Río Piedras

LUIS ALONSO

Aniversario del Natalicio de Ramón Emeterio

Betances, 1979. Serigrafía. 25-1/16" x 19-1/16"

Donación de GlaxoSmithKlein

Museo de Historia, Antropología y Arte,

Recinto de Río Piedras

RAFAEL RIVERA ROSA
Otro comienzo, 1979. Xilografía. 40" x 25"
Museo de Historia, Antropología y Arte,
Recinto de Río Piedras

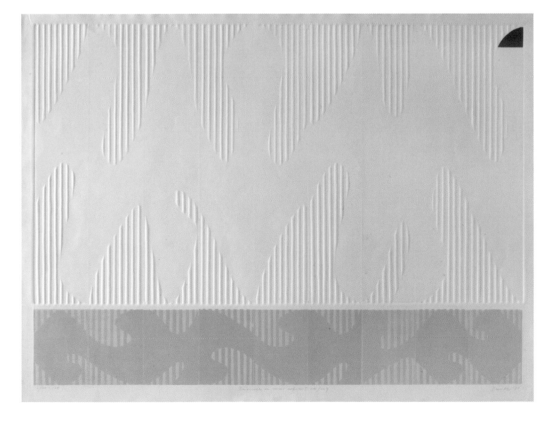

ROLANDO LÓPEZ DIRUBE
Desarrollo de una esfera-098/029, 1981
Grabado en madera; imagen:
27" x 36- 13/16"; papel, 29-1/2" x 38-15/16
Colección de las Artes, Biblioteca J. M. Lázaro,
Recinto de Río Piedras

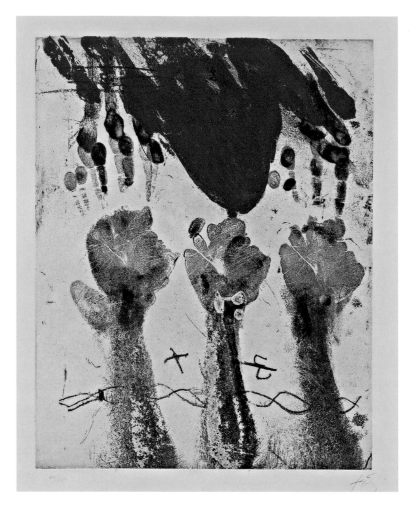

ANTONI TÀPIES

Sin título, s.f.

Aguafuerte. 25-1/2" x 20" comp. y papel

Colección de la Universidad de Puerto Rico

ANTONIO MARTORELL

Plantas interiores I, 1981

Xilografía. 39-1/4" x 25-1/4"

Recinto de Cayey

LORENZO HOMAR
Alma, 1983. Serigrafía a color sobre mylar. 27" x 21-1/4"
Museo de Historia, Antropología y Arte, Recinto de Río Piedras

SUSANA HERRERO
Manifestación de soledad, 1983. Litografía. 19" x 24-3/4"
Museo de Historia, Antropología y Arte, Recinto de Río Piedras

SOLEDAD

Hay una malla que perennemente

se teje entre las cosas y yo...

Sobre las cosas leves camino levemente...

Sobre las cosas duras echo cascos y coz...

Destila gota a gota mi corazón el charco

quieto o hirsuto que está a mi alrededor...

¡El mundo es hecho sólo del clamor de mis brazos

y el ruido de mi voz!

Clara Lair, *Arras de cristal*, 1937

JOSÉ A. PELÁEZ

Paisaje suburb(i)ano, 1984, p/a. Xilografía a color. 36-1/4" x 23-3/4"

Museo de Historia, Antropología y Arte, Recinto de Río Piedras

HAYDÉE LANDING

Transformación, c. 1985, p/a. Linóleo sobre pellón. 38" x 23-1/4"

Museo de Historia, Antropología y Arte, Recinto de Río Piedras

JUAN SÁNCHEZ

Para Carmen María Colón, 1986. Serigrafía. 22-1/2" x 30"

Museo de Historia, Antropología y Arte, Recinto de Río Piedras

NELSON SAMBOLÍN

Arte antibélico, 1985. Serigrafía. 35-1/4" x 23-1/8"

Donación de GlaxoSmithKline

Museo de Historia, Antropología y Arte, Recinto de Río Piedras

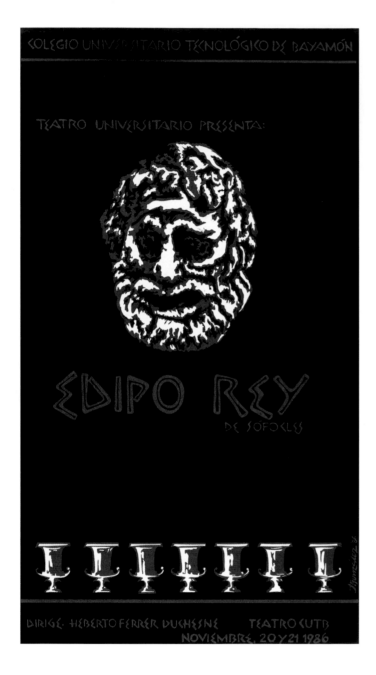

JESÚS GONZÁLEZ
Teatro universitario presenta: Edipo Rey, 1986. 21-1/2" x 12-1/2"
Recinto de Bayamón
Fotógrafos: Julio César Laboy Abreu y Javier Rivera Burgos,
Departamento Audiovisual, UPRB

JESÚS GONZÁLEZ Y CARMELO FONTÁNEZ
Semana de la Lengua: Homenaje a Manrique Cabrera, 1988
Serigrafía. 35" x 20-3/4" Recinto de Bayamón
Fotógrafos: Julio César Laboy Abreu y Javier Rivera Burgos,
Departamento Audiovisual, UPRB

Todo magisterio auténtico –es decir, el que trasciende de lo informativo a lo formativo– cumple una finalidad ética.

Isabel Gutiérrez del Arroyo,

Pedro Albizu Campos o la agonía moral, 2000

ISAAC NOVOA
Semana de la Biblioteca dedicada a Isabel Gutiérrez del Arroyo, 1987. Serigrafía. 24" x 18-1/4"
Recinto de Bayamón
Fotógrafos: Julio César Laboy Abreu y Javier Rivera Burgos,
Departamento Audiovisual, UPRB

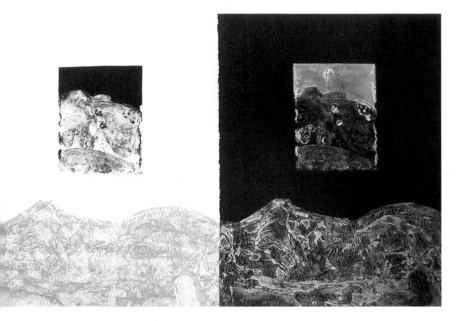

CARLOS SUEÑOS

Galaxias, 1989. Intaglio. 22-1/4" x 30-1/4"

Museo de Historia, Antropología y Arte, Recinto de Río Piedras

MARTÍN GARCÍA RIVERA

Piernas ancestrales, 1990. Xilografía. 42" x 22-1/2"

Museo de Historia, Antropología y Arte, Recinto de Río Piedras

MARTA PÉREZ

Qué pasará mañana, 1991. Xilografía a plancha perdida. 70" x 42-1/4"

Museo de Historia, Antropología y Arte, Recinto de Río Piedras

Fotógrafo: Jesús Emilio Marrero

NÉSTOR MILLÁN

Epístola mayor, 1992. Aguafuerte. 19-1/2" x 15-5/8"

Museo de Historia, Antropología y Arte, Recinto de Río Piedras

El otro que hay en mí viene a buscarme,

susurra sus secretos en mi oído,

me habla de la muerte, del sentido

oculto que al final ha de fundarme.

El otro llega, expone su cuchillo

al dorso de mi mano, que lo mide

con la fatalidad que nada impide

pensar como lo eterno y lo sencillo.

El otro me sumerge en noche oscura

y eleva en leve clave la voz clara

variando el aura efímera en segura

canción cual si en un caracol sonara.

Su voz conjura y dice la potente

mordida seminal de la serpiente.

Noel Luna, *Teoría del conocimiento*, 2001

CARLOS RIVERA VILLAFAÑE
Pecado clásico, 1992. Linóleo y serigrafía. 49" x 38-1/2"
Museo de Historia, Antropología y Arte, Recinto de Río Piedras

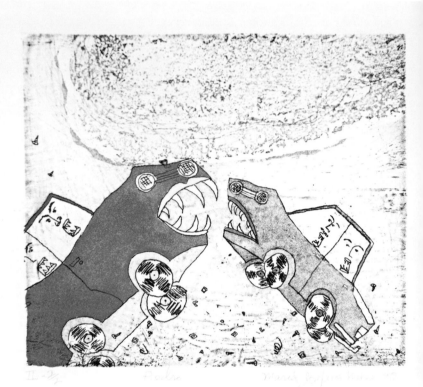

POLI MARICHAL
Indigentes, 1992. Xilografía. 32-1/4" x 21"
Museo de Historia, Antropología y Arte, Recinto de Río Piedras

MARÍA JOSEFINA MELERO
Pedro II, 1995. Intaglio a color. 17-3/16" x 15"
Museo de Historia, Antropología y Arte, Recinto de Río Piedras

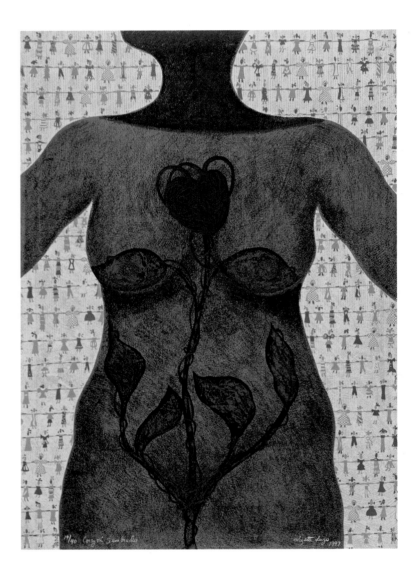

REBECA CASTRILLO

Autorretrato, 1997. Intaglio. 38-3/4" x 23-1/4"

Museo de Historia, Antropología y Arte, Recinto de Río Piedras

LIZETTE LUGO

Corazón sembrado, 1997. Serigrafía. 30-3/16" x 23-13/16"

Museo de Historia, Antropología y Arte, Recinto de Río Piedras

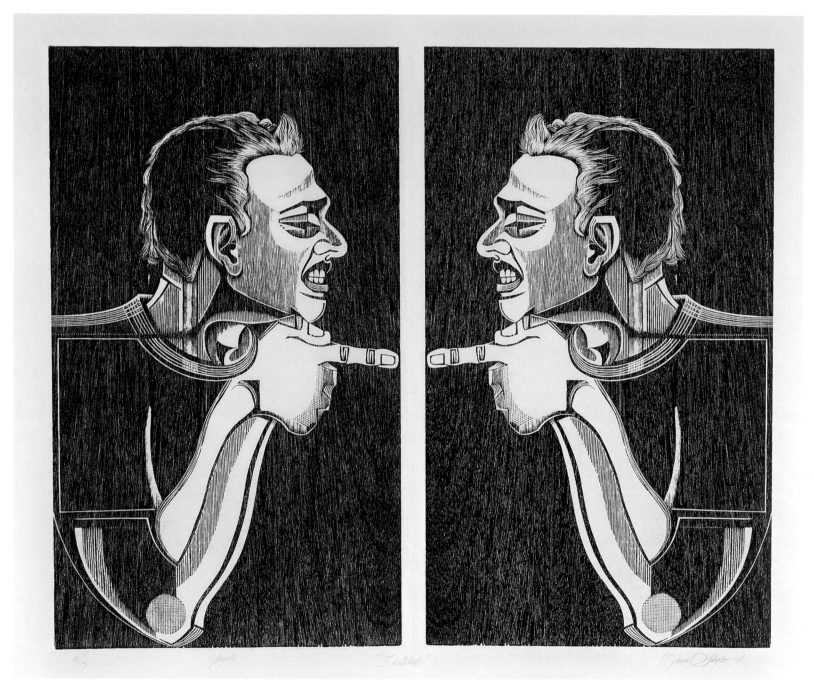

ORLANDO SALGADO
Identidad, 1998. Xilografía. 29" x 33"
Museo de Historia, Antropología y Arte, Recinto de Río Piedras

VÍCTOR RODRÍGUEZ GOTAY
La muerte, 2001. Xilografía a color. 22-1/4" x 30"
Museo de Historia, Antropología y Arte,
Recinto de Río Piedras

FRANK MARTÍNEZ ANDÚJAR
Teatro Oliver 1876- 2001 (2001). Serigrafía. 22" x 16"
Colección de Serigrafías,
Biblioteca del Recinto de Arecibo
Fotógrafo: Edwin Ríos

ANNA NICHOLSON
Entre las cálidas aguas de mi barrio, 2004. Colografía a color. 14-3/4" x 4-1/2´
Museo de Historia, Antropología y Arte, Recinto de Río Piedras

Cada vez que un escritor encuentra signos de que aquello que hace no es del todo inútil, que tiene un sentido, que de una manera u otra germina en otras personas, que ayuda a vivir a los demás –diríamos empleando las grandes palabras que no deben emplearse –, encuentra un apoyo y un estímulo extraordinario cuando tiene una vez más que aislarse y sumergirse en sus propios fantasmas para escribir. Creo que en ninguna parte he encontrado yo tantas manifestaciones que me hayan hecho creer que aquello que hago tiene sentido, que no es del todo inútil, que tiene una razón de ser, como aquí en Puerto Rico y entre puertorriqueños; lo que hace que me sienta vinculado por una razón más a este país.

Mario Vargas Llosa,

Lecciones puertorriqueñas, 1986 (inédito)

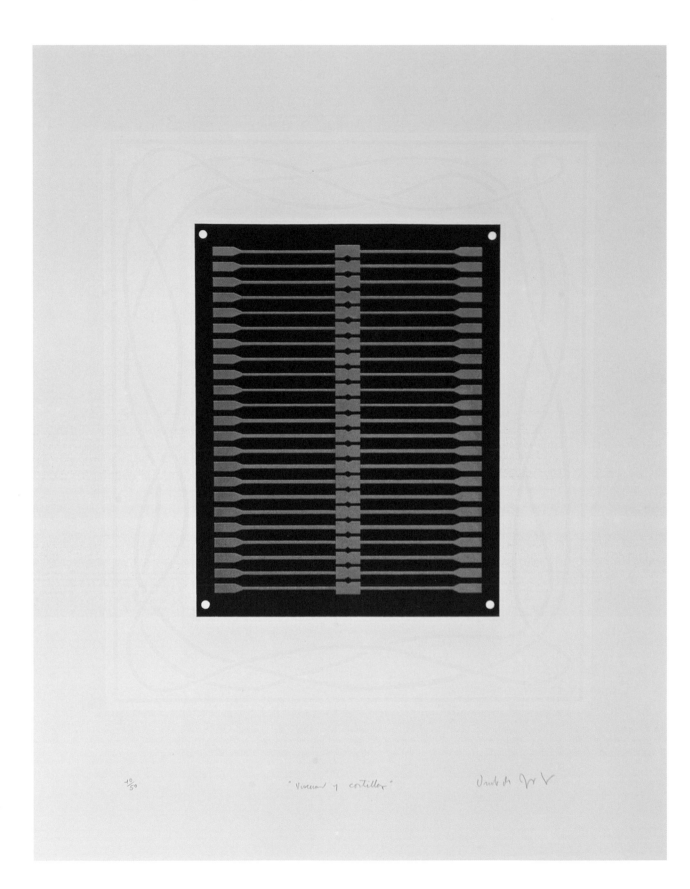

OSVALDO DE JESÚS
Vísceras y costillas, 2003. Serigrafía. 15-1/16" x 12-3/16"
Museo de Historia, Antropología y Arte, Recinto de Río Piedras

ESCULTURA

Desde niño, acogido a la nostalgia de una abuela puertorriqueña que, perdida y como desterrada en la luminosa sequedad de mi Astorga natal, brizaba mis sueños con canciones de su dulce Borinquen y pintaba la isla según surgía en encantada rememoración, radiante paraíso, suma de encantos indecibles, magia de lo remoto e inasequible; desde niño he sentido la atracción de esta tierra dulce, donde a través de la memoria de mi abuela, todo parecía distinto y mejor... Siento –el sentimiento puede parecer pueril– como si en la isla estuviera una parte de mí mismo nunca revelada; algo de mí, hasta ahora soterrado y oculto, que quizás emerja en el nuevo ambiente.

Ricardo Gullón, *Conversaciones con*

Juan Ramón Jiménez, 1958

RAFAEL FERRER
Birmingham, 1963. Acero
Museo de Historia, Antropología y Arte, Recinto de Río Piedras

JULIO ROSADO DEL VALLE
Torso, 1967. Aluminio líquido
Recinto de Mayagüez
Fotógrafo: Carlos Díaz

RAFAEL FERRER
Yagüez, 1968. Acero pintado
Recinto de Mayagüez
Fotógrafo: Carlos Díaz

LUIS HERNÁNDEZ CRUZ
Composición con pirámides, 1969. Escultura modular en fiberglass
Recinto de Mayagüez

CARMEN INÉS BLONDET
Integración, 1992. Acero cortén
Jardín de Esculturas del Jardín Botánico, Administración Central

TED CARRASCO
Caribeña de los guanacastes, 1992. Mármol de Juana Díaz
Jardín de Esculturas del Jardín Botánico, Administración Central

CARLOS CRUZ DIEZ
Physichromie boricua, 1992. Aluminio, acero y esmalte
Jardín de Esculturas del Jardín Botánico, Administración Central

En el centro de ese bosque fantástico

donde he soñado mi muerte,

avisté un árbol que se abría como una fuente multicolor,

como ventana al sueño.

Mas los lobos que habían escapado del destino

de causar muerte cierta aquella noche

asomaron sus garras con estupor

y socavaron aquella visión del lobo que con faz tierna

le hacía el amor a una mujer en el centro del bosque.

Las hojas agitaban sus colores en bandadas

contra un cielo cárdeno tornado en azul metálico.

La flecha furtiva que el cazador había lanzado

hacia el centro del escudo rojo del corazón

estalló en mil pedazos musicales

(gotas de miel destilando sobre la corteza)

cascabeles que al unísono entonaban

una música antigua.

Sollozaba el cristal.

El viento se rompía.

Y era el límite esta figura de papel metálico

musitando la suavidad sin límite del roce

nenúfares de luz

alas de mariposas disecadas invirtiendo los goznes de su

antiguo vuelo,

el rumor de la dureza dúctil conversando con la suavidad

perpetua.

Áurea María Sotomayor, *La gula de la tinta*, 1973-1993

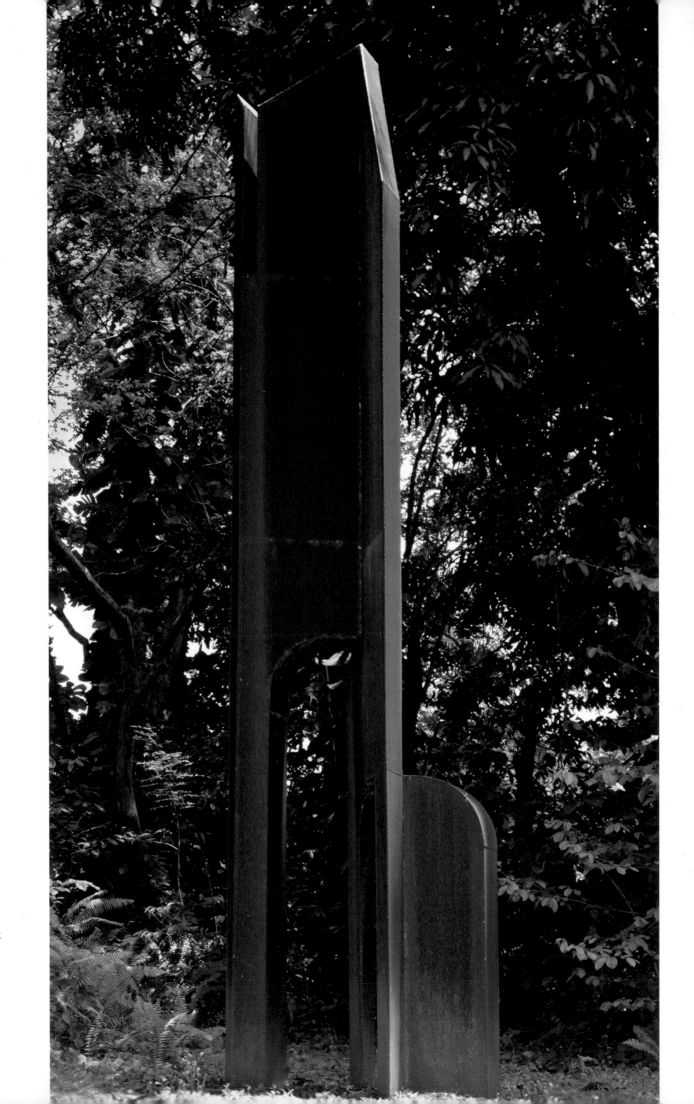

AMADEO GABINO
Homenaje a Erasmo V, 1992
Acero cortén
Jardín de Esculturas
del Jardín Botánico,
Administración Central

LUIS HERNÁNDEZ CRUZ
El bosque, 1992
Acero inoxidable y cemento
Jardín de Esculturas del Jardín Botánico,
Administración Central

En modo alguno esperaba yo, cuando me incorporé a la Universidad de Puerto Rico, encontrar en ella –pese al chocante contraste, grotesco a veces, de penosos desniveles propios de una institución que se transforma y crece– un foco tan encendido, entusiasta y estimulante de actividades culturales como el que allí ardía. Por supuesto, parte sustancial de ellas era resultado de la presencia más o menos permanente de los notables "extranjeros" reclutados por Benítez para enseñar en sus aulas; pero su actuación no hubiera tenido el efecto que tuvo de no haber existido ya en la isla un ambiente propicio, un interés despierto y, en suma, una minoría culta muy distinguida, de cuya calidad bastarán unos cuantos nombres para dar testimonio. Los de poetas como Luis Palés Matos, Julia de Burgos o Matos Paoli; prosistas como Tomás Blanco, Emilio Belaval o Gustavo Agrait; críticos y promotores culturales como Nilita Vientós, más o menos directamente vinculados a la tarea docente académica, permiten aquilatar la valía de ese núcleo originario.

Francisco Ayala, *Recuerdos y olvidos: el exilio,* 1983

ROLANDO LÓPEZ DIRUBE
Antares, 1992. Hormigón
Jardín de Esculturas del Jardín Botánico,
Administración Central

Imagínense a un arlequín, un manejador de marionetas, un mimo, y un funámbulo discutiendo sobre cuál sería el método más efectivo de ganarse al público. El arlequín diría que el secreto está en hacerlos reír desde el primer momento. El manejador de marionetas afirmaría que lo importante es capturar su imaginación. El mimo sostendría que lo esencial es mantener al público en suspenso. Y el funámbulo argüiría que sólo el que se juega la vida puede completamente interesar al espectador. Para nuestro público, los docentes universitarios a veces hacemos el papel de arlequín, a veces el de titiritero, no pocas veces el de Marcel Marceau, pero es sólo cuando caminamos por el alambre tendido sobre el vacío que monopolizamos el interés de nuestra audiencia. El verdadero test es el de la autenticidad. Con palabras podemos compaginar concordancias entre disciplinas y vida cotidiana; podemos decir cosas bonitas sobre la integración de los saberes; podemos hacer compromisos rituales con la investigación; pero sólo nos creen cuando es obvio que estamos entregados a nuestro oficio, al punto de arriesgarlo todo por ser consistentes, íntegros, y consecuentes.

Fernando Picó, *Universitas ludens* (lección inaugural, agosto de 2000, UPR en Cayey)

JORGE DU BON
Al paso del ritmo puertorriqueño, 1996. Acero cortén
Jardín de Esculturas del Jardín Botánico, Administración Central

CARMEN INÉS BLONDET
Origen y tiempo, 1993. Conjunto escultórico de cinco piezas en acero cortén
Recinto de Humacao

CARLOS GUZMÁN
Cardumen para un jardín, 1996. Acero inoxidable
Jardín de Esculturas del Jardín Botánico, Administración Central

EDUARDO MORA

Arquiescultura, 1996. Cemento

Jardín de Esculturas del Jardín Botánico, Administración Central

ESTRATEGIA DE BIENVENIDA

El poeta

aguarda.

Tiene paciencia de decir.

–Busco morada.

Espero encontrar

mi domicilio en ti.

Juan Sáez Burgos, *Poemas portátiles*, c. 1980

LEOPOLDO MALER

La conciencia empírica, 1996. Acero cortén

Jardín de Esculturas del Jardín Botánico, Administración Central

CLAUDIA STERN
Profecía, 1996. Acero inoxidable
Jardín de Esculturas del Jardín Botánico, Administración Central

POEMA 15

Eso eras tú, un ser que quería ver

la espina de la noche más oscura.

La victoria del ángel sobre los nuevos astros.

La perpetua alborada.

Y el niño en la ventana y el destino

en el viento.

Eso eras tú en medio del silencio.

Antonio Ramírez Córdova, *Renovada penumbra*, 2000

HERIBERTO NIEVES
Colmena de luna, 1999. Acero y esmalte
Jardín Escultórico de la Montaña, Recinto de Utuado

JULIO SUÁREZ
Monumento histórico 2000 (2000). Acero inoxidable y hormigón
Recinto de Mayagüez

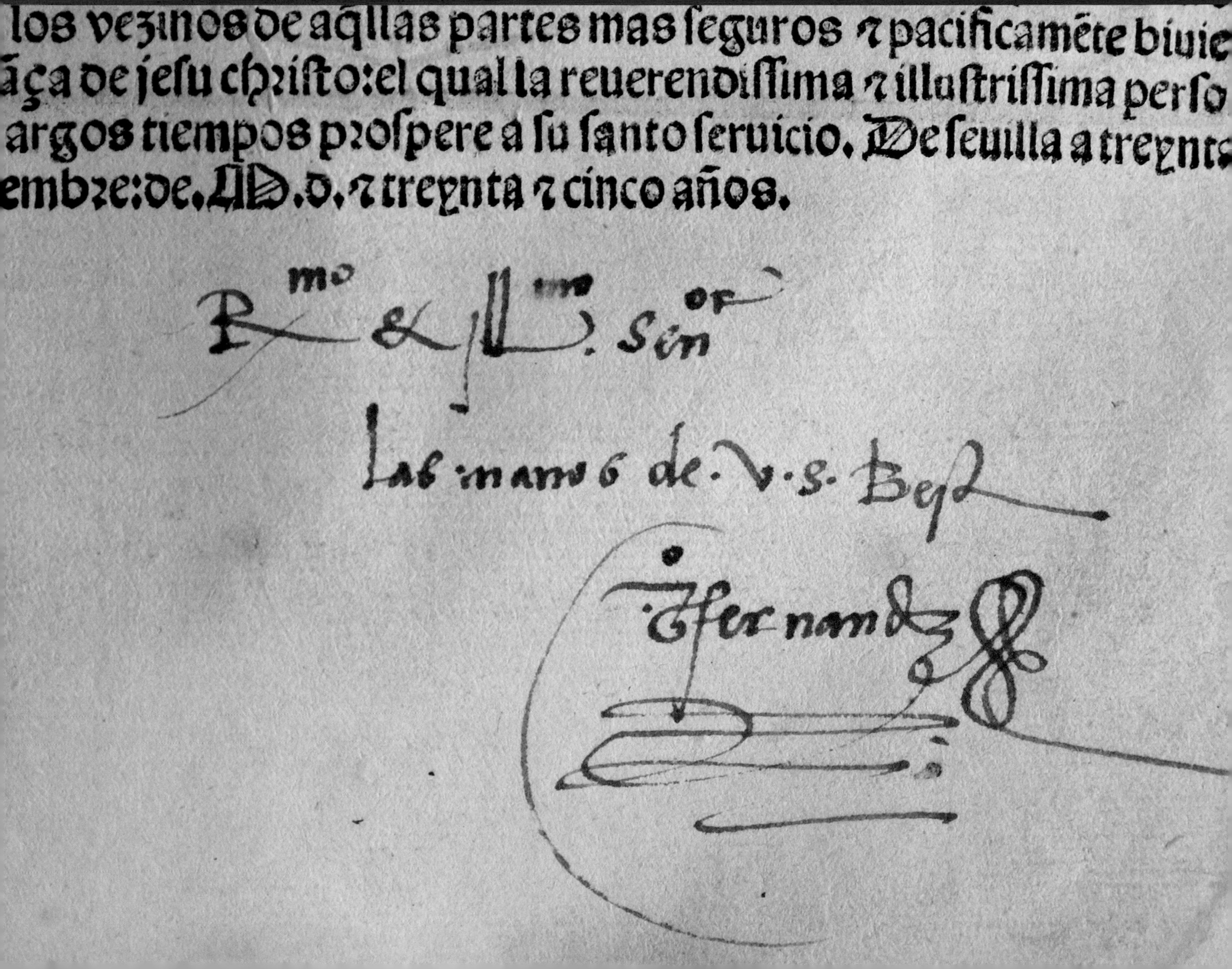

los vezinos de aqllas partes mas seguros τ pacificamête biuie
ça de jeſu chriſto:el qual la reuerendiſſima τ illuſtriſſima perſo
argos tiempos pꝛoſpere a ſu ſanto ſeruicio. De ſeuilla a treynt
embꝛe:de. M D. o. τ treynta τ cinco años.

Rᵐᵒ & Iˡˡᵐ⁼ Sñor

Las manos de. v. s. Beſo

F. hernandz

Libros impresos y manuscritos

Ilustraciones y encuadernaciones

Libros de artistas

HORAE BEATAE MARIAE VIRGINIS
Libro de horas con calendario. Manuscrito iluminado del siglo 15, en francés y latín, sobre vitela
Colección Josefina del Toro Fulladosa, Biblioteca J. M. Lázaro, Recinto de Río Piedras

Jniau lā euāgeliſ ſedm
Johēm. Glia tibi dūe.
IN principio erat ver
bum et vrbū erat

GONZALO FERNÁNDEZ DE OVIEDO

Historia general y natural de las Indias. Sevilla: Juan Cromberger, 1535

Colección Josefina del Toro Fulladosa, Biblioteca J. M. Lázaro, Recinto de Río Piedras

La historia general delas Indias.

Con priuilegio imperial.

LIBRO MANUSCRITO, CON ENCUADERNACIÓN ORIGINAL

Dedicado a Petro Stroza, 1613

Colección Josefina del Toro Fulladosa, Biblioteca J. M. Lázaro, Recinto de Río Piedras

CREACIÓN

La luz inventa el cuarto y cuanto escribo,

y a mí frente a la mesa de trabajo.

Entra por la ventana, nace de la pantalla,

trasvasa la pared y disemina

su escritura secreta en las baldosas.

Todo late en penumbra y se revela

cuando su piel lo roza. Libros que al ojo son

destello encuadernado. La taza que la orlan

satélites dorados. Las fotos, la memoria,

las flores que tu amor puso en botella,

tu amor mismo, tu presencia translúcida,

los números, los círculos, los límites,

todo cuanto la sombra oculta y amenaza

con vuelta a la unidad innominada

se recrea en la luz.

José Luis Vega, *Solo de pasión, Teoría del sueño*, 1996

LIBRO MANUSCRITO EN MINIATURA, s.f.

Tapas en madera y encuadernación de tipo etíope

Colección Josefina del Toro Fulladosa, Biblioteca J. M. Lázaro, Recinto de Río Piedras

DOMÈNECH SALÓ, PERE (S.L./S.F.)
Encuadernación de libro. Juan Arolas: *Poesías religiosas, orientales, caballerescas y amatorias*, Valencia, Juan Martiana y Sanz, 1861.
Borde gofrado, dorado e iluminado
Colección Josefina del Toro Fulladosa, Biblioteca J. M. Lázaro, Recinto de Río Piedras

FÉLICIEN ROPS

L'entracte de Minerve

Ilustración del libro *Félicien Rops: l'homme et l'artiste*, de Camille Lemonnier. Paris: H. Floury Editeur, 1908

Colección Josefina del Toro Fulladosa, Biblioteca J. M. Lázaro, Recinto de Río Piedras

ALASTAIR. COSTUME SHIREE

Ilustración para *Forty-three Drawings* by Alastair. London, New York, Toronto: John Lane, Bell and Cockburn, 1914

Colección Josefina del Toro Fulladosa, Biblioteca J. M. Lázaro, Río Piedras

THE STOMACH DANCE.
FROM " SALOME "

DESPUÉS

¡Qué ha de decirte mi mirada loca

ni de mi gesto el voluptuoso giro,

a ti, que tienes ya en la boca,

la risa tras el suspiro!

¡Qué ha de traerte mi temblor de exceso

ni de mi abrazo los resortes sabios

a ti, que tienes ya en los labios

tras el beso, el bostezo!

Clara Lair, *Arras de cristal*, 1937

AUBREY BEARDSLEY

The Stomach Dance. Ilustración para *Salomé*, de Oscar Wilde, s.f.

Colección Josefina del Toro Fulladosa, Biblioteca J. M. Lázaro, Recinto de Río Piedras

AUBREY BEARDSLEY

Diseño de tapa para *Le Morte d'Arthur*, de Sir Thomas Mallory. London: J. M. Dent, 1927

Colección Josefina del Toro Fulladosa, Biblioteca J. M. Lázaro, Recinto de Río Piedras

WILFREDO CHIESA
Portafolio Tango, 1983.
Serigrafía y tipografía. 22" x 15"
Museo de Historia, Antropología y Arte,
Recinto de Río Piedras

ANTONIO MARTORELL
*Portafolio Homenaje al "Nocturno rosa",
de Xavier Villaurrutia*, 1984.
Xilografía y caligrafía.10" x 19-5/8"
Museo de Historia, Antropología y Arte,
Recinto de Río Piedras

CAJITA DE AMOR

Hablarte es como hablar con la lluvia,
oírte es casi como dar un beso,
orillita del mar
arrodíllate en mi aire
lleva tus piedrecitas a la casa del pobre,
tus caracoles a las casas ricas,
tus ranas
a los palacios
de porcelana.
Mi cajita de amor, flor
de mi maravilla,
lléname con la savia de tus profundos.
Tigre con alas de paloma,
juega al amanecer a hacernos libres.
¡Ven! y persigue al viento conmigo
como un susto en el corazón,
como un cielo entero inclinado por la luna,
como un puma
enamorado de un lucero...
Con los siete colores de la luz
vuelan los pájaros por los aires,
cajita de amor,
orillita,
cerquito de agua,
trae tus colores a volar conmigo,
déjame ser el viento sobre tu espalda,
trae tu alegría
bajo la melodía
de tu Poesía...
Ven, cajita de amor;
con la pulpa de tu madera
ve a cantarle al gran pájaro de las piedras
ve y dile que me riegue en su sementera
que en la Vieja San Juan
este guijarro sueña con ver el mar...

Magaly Quiñones, *Cantándole a la noche misma*, 1978

OSCAR MESTEY VILLAMIL
Cajita de amor, 1984. Portafolio basado en un poema de Magaly Quiñones
Serigrafía; tipografía realizada con maquinilla manual; objetos y caja. 9-13/16" x 9-1/16"
Colección de las Artes, Biblioteca J. M. Lázaro, Recinto de Río Piedras

CONSUELO GOTAY
Portafolio Puerta al tiempo en tres voces, de Luis Palés Matos, 1998
Linóleo y tipografía. 14" x 9"
Museo de Historia, Antropología y Arte, Recinto de Río Piedras

PUERTA AL TIEMPO EN TRES VOCES

(fragmento)

... Del trasfondo de un sueño la escapada

Filí-Melé. La fluida cabellera

fronda crece, de abejas enjambrada;

el tronco –desnudez cristalizada–

es desnudez en luz tan desnudada

que al mirarlo se mira la mirada.

Frutos hay, y la vena despertada

látele azul y en el azul diluye

su pálida tintura derramada,

por donde todo hacia la muerte fluye

en huída tan lueñe y sosegada

que nada en ella en apariencia huye.

Filí-Melé, Filí-Melé, ¿hacia dónde

tú, si no hay tiempo para recogerte

ni espacio donde puedas contenerte?

Filí, la inaprensible ya atrapada,

Melé, numen y esencia de la muerte.

Y ahora, ¿a qué trasmundo, perseguida

serás, si es que eres? ¿Para qué ribera

huye tu blanca vela distendida

sobre mares oleados de quimera?

Luis Palés Matos, 1949

Tallas

La santería puertorriqueña del XIX y XX funda... una "comedia humana de santos" completamente original, en la cual deben reconocerse su autonomía, su fuerza, su modernidad y su buen gusto.

Marta Traba, *La rebelión de los santos*, 1972

FAMILIA CABÁN
Virgen del Perpetuo Socorro, s.f.
Talla en madera policromada. 14" x 5-3/4"
Museo de Historia, Antropología y Arte,
Recinto de Río Piedras

FAMILIA CABÁN
San Antonio, s.f. Talla en madera policromada. 15" x 6- 1/2"
Museo de Historia, Antropología y Arte, Recinto de Río Piedras

Reyes Magos, s.f.
Talla en madera policromada. 9-5/8" x 12"
Museo de Historia, Antropología y Arte, Recinto de Río Piedras

Dibujos

Bocetos

Fotografías

Medios mixtos

Tapiz

JOSÉ DE DIEGO
Carta con dibujo, 7 de junio de 1888. 8-1/4" x 10-3/4"
Colección Puertorriqueña, Biblioteca J. M. Lázaro, Recinto de Río Piedras

RAMÓN FRADE LEÓN
Estudio para el cuadro El pan nuestro, 1905
Boceto al óleo sobre lienzo. 22" x 12-3/4"
Museo Pío López Martínez, Recinto de Cayey

Dibujar bien es ver bien.

Ramón Frade

RAMÓN FRADE LEÓN
Apunte de manos, s.f. Dibujo al carbón sobre papel. 8" x 12"
Museo Pío López Martínez, Recinto de Cayey

HERMENEGILDO ANGLADA CAMARASA
Bailarina flamenca, ¿1904?
Dibujo a lápiz. 6-11/16" x 3-14/16"
Colección de las Artes, Biblioteca J. M. Lázaro,
Recinto de Río Piedras

HERMENEGILDO ANGLADA CAMARASA
Bailarina flamenca, ¿1904?
Dibujo a lápiz. 6-11/16" x 3-15/16"
Colección de las Artes, Biblioteca J. M. Lázaro,
Recinto de Río Piedras

Hay quien quisiera hacer polvo el pasado; hay quien pretende cargarlo intacto, como una roca insustituible, sin tener en cuenta su parte envejecida y ya superada.

Antonio S. Pedreira, *Insularismo*, 1934

MARIO BRAU
Sin título, s.f. (escena sanjuanera). Dibujo a tinta. 12" x 9-1/2"
Colección Puertorriqueña
Biblioteca J. M. Lázaro, Recinto de Río Piedras

MARIO BRAU
Sin título, c. 1917 (escena de guerra). Dibujo a tinta. 13-1/2" x 9"
Colección Puertorriqueña
Biblioteca J. M. Lázaro, Recinto de Río Piedras

Aquí en las aulas hemos de vivir en la alegría y en el esfuerzo creador de quien a diario se enriquece de saber la verdad. Hay que vivir en la emoción y en la embriaguez de a quien día a día se le revelan misterios, se le descubren mundos desconocidos, se le abren caminos nuevos. Hemos de ganar aquí imaginación, fuerza poética y ansia de desbordamiento para llevar el mensaje de la vida democrática a todo nuestro pueblo.

Jaime Benítez, *La reforma universitaria*, 1943

MARIO BRAU
Sin título, c. 1915 (en la universidad). Dibujo a tinta. 14" x 10 -1/8"
Colección Puertorriqueña
Biblioteca J. M. Lázaro, Recinto de Río Piedras

Finísima arquitectura
de lo nunca pronunciado,
en movimiento adecuado
hacia su lumbre más pura.
Ya en el aire se depura
la realidad verdadera;
y sangra la primavera
horizontes de memoria,
porque ha trinado la gloria
en su ramaje de espera.

Jorge Luis Morales, *Décima I*, 1975

JULIO ROSADO DEL VALLE
Reinita, 1958. Dibujo a tinta. 11" x 14"
Colección de la Junta de Síndicos

OJOS

Columnas de la mirada

que en un abril levantaste,

úsalas para ir mirando

los sucesos de la calle:

pobres y hambrientos que pasan,

mujeres que son de nadie,

perfiles atropellados

por el régimen de sangre.

Levanta tus ojos verdes

hasta las rojas verdades,

constructoras de caminos

que nuestros pobres aplauden.

Vuélvete, hijo, a nosotros

con tus ojos como imanes,

trayendo en su joven fuego

un cielo donde mirarse.

Andrés Castro Ríos, *Nanas para niños serios*, 1985

JULIO ROSADO DEL VALLE

Niña, 1958. Dibujo a tinta. 25-3/8" x 21-3/4"

Legado José Trías Monge

ALEJANDRO SÁNCHEZ FELIPE
La Perla, 196_. Dibujo a felpa b/n. 14-3/8"   x 19-3/4"
Colección de las Artes, Biblioteca J. M. Lázaro, Recinto de Río Piedras

ELEGÍA

El día solitario de tu muerte
no tuvo fecha
ni lugar
ni espacio

no tuvo espacio
ni razón
ni cielo

no tuvo cielo
ni verdor
ni campo

no tuvo campo
corazón
ni siembra

no tuvo siembra
ni raíz
ni encanto

El día innecesario de tu muerte
no tuvo día
ni semilla
día
el día solitario innecesario

Juan Sáez Burgos,
Poemas portátiles, c. 1980

ANTONIO SEGUÍ
Personificación gris, 1964. Pastel. 26-1/4" x 32-1/4"
Recinto de Mayagüez
Fotógrafo: Carlos Díaz

RAPHAEL COLLAZO
The Best from Vogue, 1970. Medio mixto (collage, óleo, otros).　25-7/8" x 28-1/8"
Colección de las Artes, Biblioteca J. M. Lázaro, Recinto de Río Piedras

GLORIA SÁEZ
Diseños de vestuario para Antígona, de Sófocles, ¿1968?. Bocetos (acuarela, lápiz, color). 18-13/16" x 11-15/16"
Colección de las Artes, Biblioteca J. M. Lázaro, Recinto de Río Piedras

623. Private Residence, Ponce, P.R. A. Moscioni. Photo

Mientras no haya universidad en Puerto Rico adonde pueda concurrir la gran masa de la población, habrá un mezquino e intolerable monopolio en la adquisición de las luces y en el ejercicio de las profesiones.

Alejandro Tapia y Rivera, *Universidad para Puerto Rico*, 1867

ATILIO MOSCIONI
Private Residence, Ponce, s.f. Fotografía. 18 cms. x 22 cms.
Colección Puertorriqueña, Biblioteca J. M. Lázaro, Recinto de Río Piedras

714 Río Piedras -Caguas Railroad P.R. J.G.While and Co Contractor. A. Moscioni Photo

ATILIO MOSCIONI
The Río Piedras Caguas Railroad, s.f. Fotografía. 19 cms. x 24 cms.
Colección Puertorriqueña, Biblioteca J. M. Lázaro, Recinto de Río Piedras

JOCHI MELERO
Rolando López Dirube en su estudio, ¿1975-1976?. Fotografía. 8" x 10"
Colección de las Artes, Biblioteca J. M. Lázaro, Recinto de Río Piedras

CAZA

a Jochi Melero, fotógrafo

entre piedra y fulgor

el ojo piensa

la sombra es una urgencia

de relámpagos

vértigo es todo

("Movilidad constante,

vigilancia constante,

desconfianza constante.")

la poesía es un tigre cercado

por espejos

sólo un tigre es real

todo salto es un tigre

Edwin Reyes, *El arpa imaginaria*, 1998

EVELYN GARCÍA
Esferas, 1988. Serigrafía sobre cerámica. 38" x 30"
Recinto de Mayagüez
Fotógrafo: Carlos Díaz

FÉLIX ZAPATA
Oasis, 1993. Losetas de cerámica, 42" x 32"
Recinto de Mayagüez
Fotógrafo: Carlos Díaz

GUILLERMO RODRÍGUEZ BENÍTEZ

Madrugada, 1975. "Punch-line construction" en lana de diferentes colores sobre esterilla de algodón. 15' x 66.9'

Colección Universidad de Puerto Rico

AMANECER

Ya está el lucero del alba

encimita del palmar,

como horquilla de cristal

en el moño de una palma.

Hacia él vuela mi alma,

buscándote en el vacío.

Si también, de tu bohío,

lo estuvieras tú mirando

ahora se estarían besando

tu pensamiento y el mío.

Luis Llorens Torres,

Voces de la campana mayor, 1935

Sobre la selección de textos

Fuentes de los textos

Sobre las colecciones representadas

Catálogo de obras por artista

SOBRE LA SELECCIÓN DE TEXTOS

La recopilación de textos para este libro se ciñó a un método con mucho espacio para el picassiano "no busco, encuentro"; a la sensación de no saber adónde se va hasta que se llega, evocada por un aforismo de Roberto Alberty: "¿Por qué el efecto no podrá venir primero que la causa?". Entre la imagen de una obra de arte y la palabra que en su origen no tuvo que ver directamente con ella es posible diseñar pasajes en el terreno común de la metáfora, ese desplazamiento del sentido, pero sin pretensión alguna de fijeza. Si la imagen en cuestión es una fotografía, el ejercicio de la mirada condicionada por otra mirada acentúa la calidad fortuita y fugaz de las asociaciones.

Las colecciones de la Universidad de Puerto Rico definieron el campo de juego de estos particulares encuentros entre imagen y palabra. El concepto de colección es de suyo fascinante, pues emana de una antigua idea de las instituciones del saber como sedes de abarcadores museos, gabinetes y archivos. Por definición, el alcance de las colecciones universitarias es universal y heterogéneo: restos arqueológicos, bibliotecas, archivos históricos, herbarios, gabinetes de especies marinas e instrumentos médicos, depósitos de obras de arte. El arte es sólo una medida de lo coleccionable, quizás la que mejor resume el deseo de un conocimiento formal y la posibilidad de construirlo.

Hechizados por el silencio de la imagen, a medida que las colecciones nos iban mostrando sus abigarrados haberes y se cumplía la ardua tarea de ver y fotografiar sin pausa, de compartir y discernir el entusiasmo de los curadores, de registrar esas capas de miradas que en un siglo han edificado tan dispares depósitos, nos expusimos, de manera simultánea, al encuentro del texto acompañante. Afortunadamente el tropel de asociaciones se impuso unos límites: la producción puntual de un libro conmemorativo; la inclusión de escritores residentes (Luis Palés Matos, Clara Lair, Francisco Matos Paoli, Jorge Luis Morales, Evaristo Ribera Chevremont); el fuego de la palabra sentenciosa pronunciada como para grabarse en la memoria (Nilita Vientós, Juan Antonio Corretjer, María Zambrano); impresiones de figuras universitarias relevantes (Jaime Benítez, Margot Arce de Vázquez, Antonio S. Pedreira); los temas del tiempo y la celebración de la vida en el arte.

El hallazgo personal de correspondencias, en el sentido que daban los románticos a las relaciones ocultas entre objetos distantes, marcó algunas uniones (ej. el mural *Prometeo* de Rufino Tamayo, con un poema de Angelamaría Dávila). Con pareja sensación de apertura surgieron las voces de figuras fascinantes (Marina Arzola, Violeta López Suria, Jaime Vélez Estrada). Acudimos al fondo de la Editorial de la Universidad de Puerto Rico, que a lo largo de una larga historia ha publicado a poetas de la talla de Edwin Reyes, José Luis Vega o José María Lima, para mencionar sólo algunos. Textos en géneros tan variados como el fragmento del informe oficial, el discurso académico, las memorias y efusiones líricas de intelectuales viajeros (Ricardo Gullón, Richard Morse, Francisco Ayala, Mario Vargas Llosa, Pedro Salinas) quienes compartieron las vivencias de una universidad todavía pequeña y con aires de familia, se nos devuelven en algún lugar de este libro. La reapropiación actual de tópicos clásicos, refrescante y feliz, corre por cuenta de Urayoán Noel, Noel Luna y Mayra Santos.

En Puerto Rico la palabra se instala junto a la imagen desde las páginas de las revistas ilustradas del siglo 19 y las postales galantes, adornadas con versos de políticos y poetas, hasta el post-surrealismo del Mirador Azul, donde se dieron cita autores que eran y son también artistas visuales, como Eugenio Fernández Granell, Roberto Alberty y José María Lima; desde la labor de los escritores e ilustradores de la División de Educación de la Comunidad y el pionero taller del libro de la Editorial del Instituto de Cultura Puertorriqueña hasta los portafolios de maestros y maestras como Consuelo Gotay.

La experiencia de *Imagen y palabra* no es ajena a esa tradición. El libro recoge medio centenar de voces arrancadas de sus nichos sobre la marcha atrevida de armar otro libro, tal vez una colección de postales conmemorativas a inicios del segundo siglo universitario. La imagen provoca. La imagen asociada con la palabra provoca más, porque es una invasión de la imagen y del espacio del espectador. Esa invasión debe ser sugerente e irónica, un juego entre la vista y el oído que suscite objeciones y enmiendas. Después de todo, este libro se hizo agrupando múltiples niveles de sentido sobre calas de heterogéneas colecciones, cada una de ellas armada con criterios variables a lo largo de un siglo accidentado. Como pez en el agua de la diversidad, la mirada del maestro fotógrafo John Betancourt registró el archivo que ahora ocupa la superficie de estas páginas diagramadas por la artista Lydimarie Aponte Tañón. A esas capas añadimos las palabras, como si fueran flores y recortes, rastros del peso de una cultura y su memoria entrañable, de algunas claves de belleza, de un persistente deseo de libertad por vía del conocimiento.

Marta Aponte Alsina

FUENTES DE LOS TEXTOS

Alberty Torres, Roberto: *Escritos de Boquio* (1957-1985), San Juan, Editorial de la Universidad de Puerto Rico e Isla Negra Editores, 2002.

Arce de Vázquez, Margot: *Impresiones*, San Juan, Editorial Yaurel, 1950.

Arzola, Marina: "Las noches rojas" (poema inédito, versión suministrada por Omar Orrusti y José Manuel Torres Santiago).

Ayala, Francisco: *Recuerdos y olvidos 2*. El exilio, Madrid, Alianza Tres, 1983.

Benítez, Jaime: *Junto a la torre, jornadas de un programa universitario* (1942-1962), San Juan, Editorial Universitaria, 1962.

Blanco, Tomás: *Letras para música*, San Juan, Cuadernos de Poesía del Ateneo Puertorriqueño, 1964.

Burgos, Julia de: *El mar y tú y otros poemas*, Río Piedras, Ediciones Huracán, 1981.

Castro Ríos, Andrés: *Nanas para niños serios*, (publicado con *Nanas para nenes*, de Vicente Rodríguez Nietzsche), San Juan, Pen Club, 1985.

Cézanne, Paul: *carta a Camille Pissarro*, Aix-en-Provence, 23 de octubre de 1866, en *Paul Cézanne: correspondencia*, Ed. John Rewald, Buenos Aires, 1948.

Córdova Iturregui, Félix: *Canto a la desobediencia*, Río Piedras, Ediciones Huracán, 1998.

Corretjer, Juan Antonio: *Obras completas* (tomo 1), San Juan, Instituto de Cultura Puertorriqueña, 1977.

Cros, Fernando: "La bahía de San Juan", del libro inédito "Fragmentos del habla".

Darío, Rubén: *Obras completas* (tomo 5), Madrid, Afrodisio Aguado, 1953.

Dávila, Angelamaría: *Animal fiero y tierno*, Río Piedras, Qease, 1977.

Delgado Mercado, Osiris: *Ramón Frade León, pintor puertorriqueño* (1875-1954), San Juan, Centro de Estudios Avanzados de Puerto Rico y el Caribe, 1989.

Gallego, Laura: *Celajes* (1951-1953), San Juan, Cuadernos de Poesía del Ateneo Puertorriqueño, 1959.

Gullón, Ricardo: *Conversaciones con Juan Ramón Jiménez*, Madrid, Taurus, 1958.

Gutiérrez del Arroyo, Isabel: *Pedro Albizu Campos o la agonía moral, el mensaje ético de Pedro Albizu Campos*, San Juan, Editora Causa Común Independentista, 2000.

Hernández Aquino, Luis: "En esta quieta orilla", en Cesáreo Rosa Nieves (editor), *Aguinaldo lírico de la poesía puertorriqueña*, Río Piedras, Editorial Edil, 1971.

Jiménez, Juan Ramón: *Isla de la simpatía*, Río Piedras, Ediciones Huracán, 1981.

Lair, Clara: *Obra poética*, San Juan, Instituto de Cultura Puertorriqueña, 1979.

Lima, José María: *Rendijas*, San Juan, Editorial de la Universidad de Puerto Rico, 2001.

Llorens Torres, Luis: *Obras completas* (tomo 1), San Juan, Instituto de Cultura Puertorriqueña, 1967.

Lluch Mora, Francisco: *La huella del latido (decimario 1947-1985)*, San Juan, Ateneo Puertorriqueño y Ediciones Mairena, 1994.

López Adorno, Pedro: *La ciudad prestada: poesía latinoamericana posmoderna en Nueva York*, República Dominicana, Luna cabeza caliente, 2002.

López Suria, Violeta: *Antología poética*, San Juan, Editorial Universitaria, 1970.

Luna, Noel: *Teoría del conocimiento*, San Juan, Editorial de la Universidad de Puerto Rico, 2001.

Marichal, Carlos: *Carlos Marichal, poeta de la línea*, opúsculo de exposición, Museo de Historia, Antropología y Arte de la Universidad de Puerto Rico en Río Piedras, septiembre de 2003.

Matos Paoli, Francisco: *Teoría del olvido*, San Juan, Junta Editora de la Universidad de Puerto Rico, 1944.

—: *La semilla encendida*, San Juan, Ediciones Juan Ponce de León, 1971.

Mergal, Ángel: *Fedrico Degetau, un orientador de su pueblo*, Nueva York, Hispanic Institute, 1944.

Morales, Jorge Luis: *Nueva antología poética*, San Juan, Editorial Universitaria, 1975.

Moreira, Rubén Alejandro: *Dolmen*, San Juan, Tríptico Editores, 2001.

Morse, Richard F.: carta a Juan Suárez, 11 de agosto de 1960, archivos de la Colección Josefina del Toro Fulladosa, Biblioteca J. M. Lázaro, Universidad de Puerto Rico en Río Piedras.

Noel, Urayoán: *Las flores del mall*, Brooklyn, Ediciones Alamala, 2000.

Ochart, Yvonne: *El libro del agua*, San Juan, First Book Publishing, 1996.

Padilla, José Gualberto: *En el combate (poesías)*, San Juan, Instituto de Cultura Puertorriqueña, 1969.

Palés Matos, Luis: *Obras (1914-1958)*, edición a cargo de Margot Arce de Vázquez, San Juan, Editorial de la Universidad de Puerto Rico, 1984.

Pedreira, Antonio S.: *Insularismo*, Madrid, Tipografía Artística, 1934.

Picó, Fernando: "Universitas ludens" (lección inaugural), Universidad de Puerto Rico en Cayey, agosto de 2000.

Quiñones, Magaly: *Cantándole a la noche misma*, San Juan, 1978.

Ramírez Córdoba, Antonio: *Renovada penumbra*, San Juan, Editorial de la Universidad de Puerto Rico, 2000.

Reyes, Edwin: *El arpa imaginaria*, San Juan, Editorial de la Universidad de Puerto Rico, 1998.

Ribera Chevremont, Evaristo: "Ojo sobrehumano", en *Cuatro poetas cósmicos puertorriqueños*, México, Frente de Afirmación Hispanista, 2001.

Rodríguez Nietzsche, Vicente: *Decimario*, San Juan, Colección Guajana, 1988.

Sáez Burgos, Juan: *La palabra y sus magos (antología poética)*, San Juan, Editorial de la Universidad de Puerto Rico, 2000.

Salinas, Pedro: *El contemplado: tema con variaciones*, México, Nueva Floresta, Editorial Stylo, 1946.

Santos Febres, Mayra: *Tercer mundo*, México, Trilce Ediciones, 2000.

Santos Silva, Loreina: *Motor mutable*, Río Piedras, Editorial Cultural, 1984.

Sotomayor, Áurea María: *La gula de la tinta*, San Juan, Editorial Postdata, 1994.

Tapia y Rivera, Alejandro: "Universidad para Puerto Rico", en *Cuentos y artículos varios*, San Juan, Imprenta Venezuela, 1938.

Traba, Marta: *La rebelión de los santos*, San Juan, Ediciones Puerto-Museo de Santos, 1972.

Trías Monge, José: *Testimonio*, Río Piedras, Editorial Plaza Mayor, 2000.

Vargas Llosa, Mario: *Lecciones puertorriqueñas*, 1986 (conferencias inéditas acerca de su propia obra, pronunciadas en la Universidad de Puerto Rico).

Vega, José Luis: *Solo de pasión*, *Teoría del sueño*, San Juan, Editorial de la Universidad de Puerto Rico, 1996.

Vélez Estrada, Jaime: "Poemas del Washington Square", en *Antología de la joven poesía universitaria*, Ramón Cancel Negrón (editor), San Juan, Editorial Campos, 1959.

Vientós Gastón, Nilita: *Índice cultural: 1948-55 y 1956* (tomo 1), Río Piedras, Ediciones de la Universidad de Puerto Rico, 1962.

—:Op. cit., 1963-1966 (tomo 5), Río Piedras, Ediciones de la Universidad de Puerto Rico.

Zambrano, María: *Isla de Puerto Rico (nostalgia y esperanza de un mundo mejor)*, La Habana, La Verónica, 1940.

SOBRE LAS COLECCIONES REPRESENTADAS

Colección de las Artes, Biblioteca José María Lázaro, Sistema de Bibliotecas, Recinto de Río Piedras

La Colección de las Artes, gestada en 1953 con el nombre de Biblioteca de Arte y Música, se reorganizó en 1985 para administrar los recursos sobre artes visuales que la Universidad de Puerto Rico ha venido adquiriendo desde 1903. Conserva un acervo de libros, catálogos, carteles, grabados, fotografías, dibujos, tarjetas, hojas sueltas, calendarios, manuscritos y otros documentos. Sus fondos están catalogados en cinco colecciones: Material Bibliográfico; Material Gráfico; Catálogos de Exposiciones de Arte; Archivo de Lecturas y Misceláneas y Archivo de la Danza.

Colección de la Escuela de Derecho, Recinto de Río Piedras

Esta colección de obras en diversos medios, de artistas nacionales e internacionales, comenzó a formarse a fines de la década de los sesenta por iniciativa de los rectores don Jaime Benítez y don Abraham Díaz González. La restauración de las piezas, así como su reubicación e integración en los espacios públicos, salas de reunión y oficinas de un edificio original de Henry Klumb, ampliado y remodelado, cuya reinauguración data de 2001, fue impulsada por el licenciado Antonio García Padilla, Presidente de la Universidad de Puerto Rico y entonces Decano de la Escuela de Derecho. La colección, instalada en un ambiente de excepcional calidad arquitectónica, es una muestra de la presencia protagónica del arte en los espacios universitarios.

Colección Josefina del Toro Fulladosa, Biblioteca José María Lázaro, Sistema de Bibliotecas, Recinto de Río Piedras

La Colección Josefina del Toro Fulladosa reúne los recursos bibliográficos raros pertenecientes al Sistema de Bibliotecas del Recinto de Río Piedras. Contiene mapas, libros manuscritos e impresos, antiguos y modernos, en materias relacionadas con legislación española, religión, demonología, viajes y descubrimientos, historia antigua de América y el Caribe, historia de Haití, literatura erótica, libros de artistas asociados con la llamada literatura "decadente", literatura detectivesca, primeras ediciones modernas y recursos para bibliófilos. La Colección Josefina del Toro Fulladosa es depositaria de las colecciones del bibliófilo puertorriqueño Genaro Cautiño Bruno y del general Alfred Nemours, oficial haitiano, diplomático e historiador.

La profesora Josefina del Toro Fulladosa fue una pionera en el desarrollo de la bibliotecología en Puerto Rico y la primera bibliotecaria puertorriqueña que dirigió la Biblioteca José M. Lázaro.

Colección de obras de Julio Rosado del Valle en la Junta de Síndicos de la Universidad de Puerto Rico

Entre 1954 y 1967 Julio Rosado del Valle fue artista residente o "técnico en artes" del Consejo Superior de Enseñanza de la Universidad de Puerto Rico, hoy Junta de Síndicos. Desde 1967 hasta su jubilación en 1982, se desempeñó como artista residente de la Universidad de Puerto Rico. El artista afirma que realizó veinte obras para el Consejo Superior de Enseñanza. Tres de estas obras se encuentran en sendos lugares del Recinto de Río Piedras: en la Escuela de Derecho, en la Biblioteca General José M. Lázaro y en el Programa de Estudios de Honor. Las diecisiete restantes componen la colección de la Junta de Síndicos.

Colección Puertorriqueña de la Biblioteca José María Lázaro, Sistema de Bibliotecas, Recinto de Río Piedras

Desde su inauguración oficial en 1940, la Colección Puertorriqueña del Sistema de Bibliotecas de la Universidad de Puerto Rico, Recinto de Río Piedras, se constituyó en un centro de investigación de primer orden. Su misión inicial de "reunir en la Universidad la mejor colección de obras nativas y de escritos sobre Puerto Rico," perdura hasta el presente. Además de rescatar y de preservar un caudal exhaustivo de información documental acerca del patrimonio histórico, social y cultural del país, esta colección ofrece acceso a la comunidad universitaria, al investigador riguroso, al profesional y al público en general. Sus fondos consisten en periódicos, revistas, publicaciones impresas del Gobierno de Puerto Rico, libros raros, manuscritos, dibujos, mapas, cintas magnetofónicas, microformas, colecciones fotográficas, óleos y otros materiales.

Colección de Carteles del Recinto de Bayamón

La producción de carteles en la Universidad de Puerto Rico en Bayamón se inició en 1971, el mismo año de la fundación del recinto, con las obras del entonces director del Departamento de Audiovisual, el destacado caricaturista y diseñador gráfico Iván Martínez. Esta producción cobró auge con el establecimiento de un taller de impresión y la contratación del grabador Isaac Novoa en 1980. Novoa, quien había trabajado bajo la tutela de Lorenzo Homar en el Taller de Gráfica del Instituto de Cultura Puertorriqueña, realizó en las dos décadas siguientes una numerosa e importante obra cartelística, caracterizada por su comprensión de las posibilidades del género, la economía de medios, la meticulosidad y el énfasis en la caligrafía. En el conjunto de carteles de esos años se destacan los que se realizaban anualmente para anunciar actividades como la Feria de Artesanías y las celebraciones de las semanas de la Lengua y la Biblioteca, tradición que continuará desde fines de la década de los noventa hasta el presente el diseñador y cartelista Reynaldo Delgado, cuyos afiches se distinguen por diseños sencillos y eficaces, el interés en adecuar la imagen al mensaje y la exploración del color. A los carteles de estos artistas se suman los del pintor y grabador Jesús González, quien fuera director del Departamento de Audiovisual y cuya producción, muy cuidada y con una caligrafía extraordinaria, se orienta en ocasiones hacia lo pictórico, cuando prima la imagen del objeto representado, y en otras hacia un vertiente más gráfica y abstracta. Finalmente, el pintor y dibujante Carmelo Fontánez, también tuvo a su cargo la producción de carteles en los que recurre a sus características imágenes abstractas de ritmo vibrante y gran colorido, evocadoras del mundo natural.

Colección de Serigrafías, Sala de la Región de Arecibo, Biblioteca de la Universidad de Puerto Rico en Arecibo

Esta colección cuenta con alrededor de cuarenta piezas de arte en medios mixtos, serigrafías y dibujos de artistas de la región de Arecibo. Durante las pasadas tres décadas, la Biblioteca ha fomentado la producción de obras, en particular las relacionadas con actividades alusivas a la Semana de la Biblioteca y a otras actividades institucionales. La colección cuenta con obras de artistas como Osvaldo de Jesús, Frank Martínez Andújar, Noín Rivera, Ernesto Álvarez, Santos García, Reynaldo Ríos e Isaac Novoa.

Jardín de Esculturas del Jardín Botánico de Puerto Rico, terrenos de la Administración Central

El Jardín de Esculturas complementa el concepto científico, recreativo y cultural del Jardín Botánico de Puerto Rico. Es el primer jardín internacional de esculturas del mundo situado en el ambiente de un jardín botánico tropical. Su creación en dos etapas se realizó mediante la celebración de simposios en 1992 y 1996, convocatorias a las que respondieron escultores de renombre internacional. El Jardín de Esculturas del Jardín Botánico de Puerto Rico alberga una colección de doce obras de gran valor estético y material.

Jardín Escultórico de la Montaña, Recinto de Utuado

Este proyecto fue una iniciativa del escultor puertorriqueño Heriberto Nieves. Además de su obra monumental *Colmena de luna*, el campus de Utuado cuenta con esculturas de los artistas venezolanos Karim Borjas y Asdrúbal Colmenares.

Legado José Trías Monge

En testamento otorgado el 17 de diciembre de 2002, el doctor José Trías Monge, eminente jurista puertorriqueño egresado de la Facultad de Humanidades del Recinto de Río Piedras, legó a la Universidad de Puerto Rico una valiosa colección de arte. La misma incluye unas cuarenta obras sobresalientes, entre pinturas, dibujos, grabados, cerámica y mosaico, de maestros como Ángel Botello, Bernard Buffet, Susana Espinosa, Augusto Marín, José Oliver, Francisco Rodón, Julio Rosado del Valle y David Alfaro Siqueiros.

Museo de Historia, Antropología y Arte, Recinto de Río Piedras

El Museo de Historia, Antropología y Arte (MHAA) de la Universidad de Puerto Rico, Recinto de Río Piedras, se creó por ley del 15 de abril de 1951 con el propósito de "... reunir, mantener y conservar, con fines de divulgación cultural, todo aquello que constituye parte de nuestro tesoro artístico, histórico y antropológico". Desde su fundación, el museo ha participado activamente en el desarrollo de la vida cultural del país por medio de exposiciones de arte, historia y antropología, de cursillos, conferencias, seminarios, publicaciones y talleres artísticos educativos para beneficio del sector académico y la comunidad en general.

El MHAA contiene un acervo de miles de piezas. Su colección mayor es la arqueológica, la más importante y completa de todo el Caribe. El museo cuenta, además, con colecciones de pintura, dibujo, grabado puertorriqueño e internacional, escultura, arte popular, carteles, documentos históricos, filatelia, numismática y piezas egipcias.

El Centro de Investigaciones Arqueológicas, adscrito al MHAA, desempeña una importante labor de investigación científica. Desde su creación, ha realizado numerosas excavaciones en Vieques, Guayanilla y Loíza Aldea, que han producido hallazgos de importancia fundamental para el estudio de nuestra prehistoria.

Museo Pío López Martínez, Recinto de Cayey

La colección matriz del Museo Pío López Martínez de la Universidad de Puerto Rico en Cayey proviene del donativo a la Universidad de Puerto Rico, en 1957, de más de un centenar de obras del artista Ramón Frade León y sus amigos, así como de la correspondencia, libros y otros documentos del maestro cayeyano. El doctor Pío López Martínez fundó el museo en 1981 y fue su director hasta 1995. Bajo la dirección actual, el Museo Pío López Martínez mantiene como misión principal la conservación y restauración del legado de Frade. La exhibición permanente de sus obras en la sala llamada "Casa Frade", además de las exhibiciones temporales, contextualizan la colección en ánimo de que el legado perdure y se renueve a través del tiempo.

Sala Zenobia y Juan Ramón Jiménez, Biblioteca José María Lázaro, Sistema de Bibliotecas, Recinto de Río Piedras

La Sala Zenobia y Juan Ramón Jiménez se estableció en 1955 por iniciativa del poeta moguereño y de su esposa Zenobia Camprubí. Es el centro de investigación más completo e importante que existe en el mundo para el estudio de la vida y obra de Juan Ramón, Premio Nobel de Literatura en 1956. La colección consta de libros, documentos, manuscritos, cartas, primeras ediciones, fotografías, pinturas, recortes de periódicos, cintas magnetofónicas, mobiliario y recuerdos personales que el poeta y su esposa donaron a la Universidad de Puerto Rico. La Sala Zenobia y Juan Ramón Jiménez alberga el depósito más completo de manuscritos del poeta y de su esposa, e incluye manuscritos originales con anotaciones y proyectos de publicación.

Recinto Universitario de Mayagüez

En el Recinto Universitario de Mayagüez de la Universidad de Puerto Rico se postula un balance entre la enseñanza e investigación de excelencia y una cultura de la educación que abarque todas las facetas de la vida. El arte en todas sus formas y expresiones forma parte integral de esta visión. Los edificios y jardines del recinto exhiben trabajos de varios artistas puertorriqueños, caribeños e internacionales, como reflejan las obras que aquí se exponen y las que se reseñan en el Catálogo de Obras del Recinto. El interés por continuar este esfuerzo se manifiesta en los proyectos actuales de la reinstalación de la escultura *El árbol de la vida*, de José Buscaglia, la nueva escultura *Serpentinata caribeña*, de Guy Rudgemont, que se adquirió como parte del simposio celebrado con motivo del Centenario de la Universidad de Puerto Rico, el desarrollo del Museo de Arte y Senado Académico (MuSA) del Recinto y la adquisición, mediante donación, de la obra del maestro Marcos Irizarry, quien fuera artista residente del recinto.

CATÁLOGO DE OBRAS POR ARTISTA[1]

Abularach, Rodolfo (Guatemala, 1933)

1.
Ojo magnético, s.f. Litografía. 22" x 29-3/4"
Museo de Historia, Antropología y Arte,
Recinto de Río Piedras

Alastair, seudónimo de Hans Henning (Alemania, 1887-1969)

2.
Costume Shiree. Ilustración para Forty-three
Drawings by Alastair. London, New York,
Toronto: John Lane, Bell and Cockburn, 1914
Colección Josefina del Toro Fulladosa,
Biblioteca
J. M. Lázaro, Río Piedras

Alberty Torres, Roberto, alias "Boquio" (Carolina, Puerto Rico, 1930-San Juan, Puerto Rico, 1985)

3.
Pordiosero de la muerte, 1965. Óleo sobre lienzo.
61-5/8" x 24"
Museo de Historia, Antropología y Arte,
Recinto de Río Piedras

Albizu, Olga (Ponce, Puerto Rico, 1924)

4.
Paisaje tirolés, c.1958-59. Óleo sobre lienzo.
24" x 24"
Museo de Historia, Antropología y Arte,
Recinto de Río Piedras

Alicea, José (Ponce, Puerto Rico, 1928)

5.
La paloma, 1966. Xilografía. 36-1/2" x 12"
Museo de Historia, Antropología y Arte,
Recinto de Río Piedras

Alonso, Luis (Santurce, Puerto Rico, 1951)

6.
El velorio, 1976. Xilografía. 34" x 48-1/2"
Museo de Historia, Antropología y Arte,
Recinto de Río Piedras

7.
*Aniversario del Natalicio de Ramón Emeterio
Betances*, 1979. Serigrafía. 25-1/16" x 19-1/16"
Donación de GlaxoSmithKline
Museo de Historia, Antropología y Arte,
Recinto de Río Piedras

Anglada Camarasa, Hermenegildo (España, 1872-1959)

8.
Bailarina flamenca, ¿1904?. Dibujo a lápiz.
6-11/16" x 3-14/16"
Colección de las Artes, Biblioteca J. M. Lázaro,
Recinto de Río Piedras

9.
Bailarina flamenca, ¿1904?. Dibujo a lápiz.
6-11/16" x 3-15/16"
Colección de las Artes, Biblioteca J. M. Lázaro,
Recinto de Río Piedras

1. Las fichas reflejan las diferencias entre las normas de catalogación utilizadas por diversas colecciones. Las siglas s.l. y s.f. significan que no se encontraron datos sobre los lugares o fechas de nacimiento o muerte del artista.

Anónimos

10.
Amset
Canope de alabastro con cabeza humana.
Procedencia: Saqqara, Menfis, Egipto. 32.3 cm.
1567-1320 a. C.
Donación del Museo Peabody, Harvard
University
Museo de Historia, Antropología y Arte,
Recinto de Río Piedras

11.
Hapi
Canope de alabastro con cabeza de mandril.
Procedencia: Saqqara, Menfis, Egipto. 28.7 cm.
1567-1320 a. C.
Donación del Museo Peabody, Harvard
University
Museo de Historia, Antropología y Arte,
Recinto de Río Piedras

12.
Vasija bicromada, con diseño floral interior.
10.16 cms. x 30.48 cms.
Cultura saladoide, c. siglo II d. C.
Procedencia: Guayanilla
Colección del Centro de Investigaciones
Arqueológicas, Recinto de Río Piedras

13.
Vasija campanular, con diseño figurativo bicro-
mado. 15.24 cms. x 27.94 cms.
Cultura saladoide, c. siglo III d. C.
Procedencia: Vieques
Centro de Investigaciones Arqueológicas,
Recinto de Río Piedras

14.
Vasija esferoidal, con diseño inciso bicromado.
7.62 cms. x 15.24 cms.
Cultura saladoide, c. siglo III d. C.
Procedencia: Guayanilla
Centro de Investigaciones Arqueológicas,
Recinto de Río Piedras

15.
Vasija con diseño inciso, relleno de pasta
blanca. 15 cms. x 11 cms.
Cultura La Hueca, c. siglo II d. C.
Procedencia: Vieques
Centro de Investigaciones Arqueológicas,
Recinto de Río Piedras

16.
Representación del cóndor andino, con cabeza
trofeo en las garras, jadeíta. 5.5 cms. x 4.2 cms.
Cultura La Hueca, c. siglos IV a.C- IV d. C.
Procedencia: Vieques
Centro de Investigaciones Arqueológicas,
Recinto de Río Piedras

17.
Representación batraciforme, jadeíta. 2.6 cms.
x 2.6 cms.
Cultura saladoide, c. siglo III d. C.
Procedencia: Guayanilla
Centro de Investigaciones Arqueológicas,
Recinto de Río Piedras

18.
Nariguera de oro en forma de anillo. 1.5 cms. x
2.1 cms.
Cultura ostiones, c. siglo VI d. C.
Procedencia: Guayanilla
Centro de Investigaciones Arqueológicas,
Recinto de Río Piedras

19.
Treinta y una cuentas bicónicas de cristal de
roca, dispuestas en forma de collar.
1.6 cms. a 1.0 cms.
Cultura saladoide, c. siglo II d. C.
Procedencia: Vieques
Centro de Investigaciones Arqueológicas,
Recinto de Río Piedras

20.
Cuentas de amatista y cornalina y un amuleto
batraciforme tallado en amatista, dispuestos en
forma de collar. 2.1 cms. a 0.7 cms.

Cultura La Hueca, c. siglos I al V d. C.
Procedencia: Vieques
Centro de Investigaciones Arqueológicas,
Recinto de Río Piedras

21.
Veintisiete representaciones batraciformes en
jadeíta, dispuestas en forma de collar
3 cms. a 1.7 cms.
Cultura La Hueca, c. siglos I al IV d. C.
Procedencia: Vieques
Centro de Investigaciones Arqueológicas,
Recinto de Río Piedras

22.
Vasija de barro con collar de cuentas en már-
mol y cornalina y dos hachas plano convexas en
jadeíta. 10.5 cms. x 15.5 cms.
Cultura saladoide, 100 a.C. – 600 d. C.
Museo de Historia, Antropología y Arte,
Recinto de Río Piedras

23.
Daga antropomorfa ceremonial en piedra.
28 cms. x 11.3 cms. x 11.1 cms.
Cultura taína, 1100 a 1500 d. C.
Museo de Historia, Antropología y Arte,
Recinto de Río Piedras

24.
Aro lítico. 47 cms. x 30.2 cms. x 10.2 cms.
Cultura taína, 1100 a 1500 d. C.
Museo de Historia, Antropología y Arte,
Recinto de Río Piedras

25.
Trigonolito con incrustación en caracol (cemí).
20 cms. x 8.3 cms. x 7.9 cms.
Cultura taína, 1100 a 1500 d. C.
Museo de Historia, Antropología y Arte,
Recinto de Río Piedras

26.
Trigonolito zoomorfo (cemí).
13 cms. x 8.4 cms. x 10.2 cms.
Cultura taína, 1100 a 1500 d. C.
Museo de Historia, Antropología y Arte,
Recinto de Río Piedras

27.
Trigonolito antropomorfo (cemí).
21.8 cms. x 11.3 cms. x 11.1 cms.
Cultura taína, 1100 a 1500 d. C.
Museo de Historia, Antropología y Arte,
Recinto de Río Piedras

28.
Dujo de madera. 38 cms. x 20.3 cms. x 15 cms.
Cultura taína, 1100 a 1500 d. C.
Museo de Historia, Antropología y Arte,
Recinto de Río Piedras

29.
Vasija ceremonial en madera, con collar de
cuentas de piedra y cristal.
7.4 cms. x 8 cms. x 12.2 cms.
Cultura taína, período de contacto,
1508-1520 d. C.
Museo de Historia, Antropología y Arte,
Recinto de Río Piedras

30.
Ilustración del libro *Horae Beatae Mariae
Virginis*. Libro de horas con calendario.
Manuscrito iluminado del siglo 15, en francés y
latín, sobre vitela
Colección Josefina del Toro Fulladosa,
Biblioteca J. M. Lázaro, Recinto de Río Piedras

31.
Libro manuscrito con encuadernación original.
Dedicado a Petro Stroza, 1613
Colección Josefina del Toro Fulladosa,
Biblioteca J. M. Lázaro, Recinto de Río Piedras

32.
Libro manuscrito en miniatura, s.f. Tapas en
madera y encuadernación de tipo etíope
Colección Josefina del Toro Fulladosa,
Biblioteca
J. M. Lázaro, Recinto de Río Piedras

33.
Reyes Magos, s.f. Talla en madera policromada.
9-5/8" x 12"
Museo de Historia, Antropología y Arte,
Recinto de Río Piedras

Arp, Jean Hans (Estrasburgo, 1887-1966)

34.
Constellation, 1951. Xilografía a color.
20-1/8" x 14-1/4"
Museo de Historia, Antropología y Arte,
Recinto de Río Piedras

Báez, Myrna (San Juan, Puerto Rico, 1931)

35.
El juez, 1970. Colografía. 27-1/4" x 22"
Museo de Historia, Antropología y Arte,
Recinto de Río Piedras

36.
La lámpara Tiffany, 1975. Acrílico sobre lienzo.
54" x 72"
Museo de Historia, Antropología y Arte,
Recinto de Río Piedras

Beardsley, Aubrey (Inglaterra, 1872-1898)

37.
The Stomach Dance. Ilustración para Salomé,
de Oscar Wilde, s.f.
Colección Josefina del Toro Fulladosa,
Biblioteca J. M. Lázaro, Recinto de Río Piedras

38.
Diseño de tapa para *Le Morte d'Arthur*, de Sir
Thomas Mallory. London: J. M. Dent,
edición de 1927
Colección Josefina del Toro Fulladosa,
Biblioteca J. M. Lázaro, Recinto de Río Piedras

**Blondet, Carmen Inés (Santurce, Puerto
Rico, 1945)**

39.
Integración, 1992. Acero cortén
Jardín de Esculturas del Jardín Botánico,
Administración Central

40.
Origen y tiempo, 1993. Conjunto escultórico de
cinco piezas en acero cortén
Recinto de Humacao

**Bonilla Norat, Félix (Cayey, Puerto Rico,
1912-San Juan, Puerto Rico, 1992)**

41.
Refugiados españoles, 1936. Témpera sobre
papel. 18-3/8" x 13-7/8"
(Donado por el Dr. Carlos E. López)
Museo de Historia, Antropología y Arte,
Recinto de Río Piedras

Bonnard, Pierre (Francia, 1867-1947)

42.
La Revue Blanche, 1894. Litografía a color.
29-1/2" x 23"
Museo de Historia, Antropología y Arte,
Recinto de Río Piedras

**Botello, Ángel (España, 1913-Puerto Rico,
1986)**

43.
Las huríes, s.f. Óleo sobre masonite.
45-1/4" x 35-1/4"
Legado José Trías Monge

Brau, Mario (Cabo Rojo, Puerto Rico, 1878-San Juan, Puerto Rico, 1941)

44.
Sin título, s.f. (escena sanjuanera). Dibujo a tinta. 12" x 9-1/2"
Colección Puertorriqueña, Biblioteca J. M. Lázaro, Recinto de Río Piedras

45.
Sin título, c. 1917 (escena de guerra). Dibujo a tinta. 13-1/2" x 9"
Colección Puertorriqueña, Biblioteca J. M. Lázaro, Recinto de Río Piedras

46.
Sin título, c. 1915 (en la universidad). Dibujo a tinta. 14" x 10 -1/8"
Colección Puertorriqueña, Biblioteca J. M. Lázaro, Recinto de Río Piedras

Buffet, Bernard (Francia, 1928-1999)

47.
Bateaux bretons à la mer, 1965. Óleo sobre lienzo. 44" x 57-1/8"
Legado José Trías Monge

Cabán (Familia)

48.
Virgen del Perpetuo Socorro, s.f. Madera policromada. 14" x 5-3/4".
Museo de Historia, Antropología y Arte, Recinto de Río Piedras

49.
San Antonio, s.f. Madera policromada. 15" x 6-1/2".
Museo de Historia, Antropología y Arte, Recinto de Río Piedras

Cajiga, Luis G. (Quebradillas, Puerto Rico, 1934)

50.
La Perla II, 1966. Acrílico sobre masonite. 24" x 32"
Museo de Historia, Antropología y Arte, Recinto de Río Piedras

Calder, Alexander (Estados Unidos, 1898-1976)

51.
Colisión en colores, s.f. Litografía comp. y papel. 21-1/2" x 29-1/2"
Colección Universidad de Puerto Rico

Campeche, José (San Juan, Puerto Rico, 1751-1809)

52.
Retrato de dama, c. 1782. Óleo sobre tabla. 17" x 11"
Museo de Historia, Antropología y Arte, Recinto de Río Piedras

53.
Retrato de gobernador, c. 1782. Óleo sobre tabla. 17" x 11"
Museo de Historia, Antropología y Arte, Recinto de Río Piedras

54.
Amazona, c. 1785. Óleo sobre tabla. 14-3/4" x 5"
Museo de Historia, Antropología y Arte, Recinto de Río Piedras

55.
Virgen de Belén, c. 1790-1809. Óleo sobre tabla. 22-7/8" x 15"
Museo de Historia, Antropología y Arte, Recinto de Río Piedras

56.
Retrato de un desconocido (el naturalista), c. 1800. Óleo sobre tabla. 10- 3/4" x 6-1/2"
Museo de Historia, Antropología y Arte, Recinto de Río Piedras

Capuletti, Manuel (España, 1952-Alemania, 1978)

57.
Alejandra Danilova, 1957. Dibujo a lápiz. 12-3/8" x 8-7/8"
Colección de las Artes, Biblioteca J. M. Lázaro, Recinto de Río Piedras

Cardona, Jesús (Dorado, Puerto Rico, 1950)

58.
Reportaje, 1979. Xilografía. 21-3/4" x 37-5/8"
Museo de Historia, Antropología y Arte, Recinto de Río Piedras

Carrasco, Ted (Bolivia, 1933)

59.
Caribeña de los guanacastes, 1992. Mármol de Juana Díaz
Jardín de Esculturas del Jardín Botánico, Administración Central

Castrillo, Rebeca (Santurce, Puerto Rico, 1954)

60.
Autorretrato, 1997. Intaglio. 38-3/4" x 23-1/4"
Museo de Historia, Antropología y Arte, Recinto de Río Piedras

Cervoni, Francisco (Guayama, Puerto Rico, 1913-San Juan, Puerto Rico, 2001)

61.
Bodegón, 1949. Óleo sobre lienzo. 22" x 30"
Museo de Historia, Antropología y Arte, Recinto de Río Piedras

Collazo, Carlos (Ponce, Puerto Rico, 1956-San Juan, Puerto Rico,1990)

62.
Bodegón I, 1983. Óleo sobre lienzo. 36" x 48"
Museo de Historia, Antropología y Arte,
Recinto de Río Piedras

Collazo, Raphael (San Juan, Puerto Rico, 1946-1990)

63.
Middle healing gardens, 1987-1988. Pintura
sobre papel: óleo, collage, carbón. 30" x 22"
Colección de las Artes, Biblioteca J. M. Lázaro,
Recinto de Río Piedras

64.
The Best from Vogue, 1970. Medio mixto (collage, óleo, otros). 25-7/8" x 28-1/8"
Colección de las Artes, Biblioteca J. M. Lázaro,
Recinto de Río Piedras

Coronel, Rafael (México, 1932)

65.
Piero de la Francesca, 1969. Óleo sobre lienzo.
49-1/4" x 49-1/4"
Colección Universidad de Puerto Rico

Cruz Diez, Carlos (Venezuela, 1923)

66.
Physichromie boricua, 1992. Escultura en aluminio, acero y esmalte
Jardín de Esculturas del Jardín Botánico,
Administración Central

Cuchí, José (Arecibo, Puerto Rico, 1857-España, 1937)

67.
Retrato de "El Caribe". Óleo sobre lienzo.
50" x 35-1/2"

Museo de Historia, Antropología y Arte,
Recinto de Río Piedras

Chiesa, Wilfredo (San Juan, Puerto Rico, 1952)

68.
Portafolio Tango, 1983. Serigrafía y tipografía.
22" x 15"
Museo de Historia, Antropología y Arte,
Recinto de Río Piedras

69.
Res ipsa loquitur, 1988. Acrílico sobre lienzo.
9 paneles 6' x 12' c/u
Colección Escuela de Derecho,
Recinto de Río Piedras

De Diego, José (Aguadilla, Puerto Rico, 1866-1918)

70.
Carta con dibujo, 7 de junio de 1888.
8-1/4" x 10-3/4"
Colección Puertorriqueña, Biblioteca J. M.
Lázaro, Recinto de Río Piedras

De Jesús, Osvaldo (Arecibo, Puerto Rico, 1963)

71.
Vísceras y costillas, 2003. Serigrafía.
15-1/16" x 12-3/16"
Museo de Historia, Antropología y Arte,
Recinto de Río Piedras

Delgado, Osiris (Humacao, Puerto Rico, 1920)

72.
Homenaje a Cristóbal Ruiz, 1963. Óleo sobre
lienzo. 46" x 33-1/4"
Museo de Historia, Antropología y Arte,
Recinto de Río Piedras

Desangles, Luis (República Dominicana, 1861-1940)

73.
Busto de mujer, 1894. Óleo sobre lienzo.
Diámetro 7-3/8"
Museo Pío López Martínez, Recinto de Cayey

Di Chirico, Giorgio (Grecia, 1888-Italia, 1978)

74.
Dos figuras sentadas, 1931. Litografía a color.
15-3/4" x 11-3/4"
Museo de Historia, Antropología y Arte,
Recinto de Río Piedras

Díaz McKenna, Fernando (España, 1873-?)

75.
Paisaje, 1921. Óleo sobre cartón. 10" x 18"
Museo de Historia, Antropología y Arte,
Recinto de Río Piedras

Dobal, José (San Juan, Puerto Rico, 1917-1957)

76.
Veleros, 1956. Óleo sobre masonite. 28" x 24"
Museo de Historia, Antropología y Arte,
Recinto de Río Piedras

Dobal, Narciso (San Juan, Puerto Rico, 1916-1970)

77.
Dos caras, 1947. Óleo sobre lienzo. 19-3/4" x
25-3/4"
Museo de Historia, Antropología y Arte,
Recinto de Río Piedras

Domènech Saló, Pere (s.l./s.f.)

78.
Encuadernación de libro. Juan Arolas: *Poesías religiosas, orientales, caballerescas y amatorias*, Valencia, Juan Martiana y Sanz, 1861.
Borde gofrado, dorado e iluminado
Colección Josefina del Toro Fulladosa, Biblioteca J. M. Lázaro, Recinto de Río Piedras

Dr. Atl., seudónimo de Gerardo Murillo (México, 1875-1964)

79.
Paracutín al amanecer, s.f. Óleo sobre lienzo sobre masonite. 20-1/4" x 24-1/4"
Legado José Trías Monge

Du Bon, Jorge (México, 1938)

80.
Al paso del ritmo puertorriqueño, 1996.
Escultura monumental en acero cortén
Jardín de Esculturas del Jardín Botánico, Administración Central

Escobar, Elizam (Ponce, Puerto Rico, 1948)

81.
Baquiné de Eros, 1991. Óleo sobre lienzo. 70" x 48"
Museo de Historia, Antropología y Arte, Recinto de Río Piedras

Evans, Richard (Inglaterra, 1784-1871)

82.
Retrato del rey Henri Christophe, c.1818.
Óleo sobre lienzo. 34-1/4" x 25-1/2"
(ventana del marco)
Colección Josefina del Toro Fulladosa, Biblioteca J. M. Lázaro, Recinto de Río Piedras

Fernández de Oviedo, Gonzalo (España, 1478-1557)

83.
Ilustración de la primera edición de *Historia general y natural de las Indias*, de Gonzalo Fernández de Oviedo. Sevilla: Juan Cromberger, 1535
Colección Josefina del Toro Fulladosa, Biblioteca J. M. Lázaro, Recinto de Río Piedras

Fernández Granell, Eugenio (España, 1912-1996)

84.
La cita, 1946. Temple sobre lienzo. 20" x 24"
Museo de Historia, Antropología y Arte, Recinto de Río Piedras

Ferrer, Rafael (Santurce, Puerto Rico, 1933)

85.
Birmingham, 1963. Escultura en acero
Museo de Historia, Antropología y Arte, Recinto de Río Piedras

86.
Yagüez, 1968. Escultura monumental en acero pintado
Recinto de Mayagüez

Fontánez, Carmelo (Río Piedras, Puerto Rico, 1945)
(Ver descripción de obra 101)

Frade León, Ramón (Cayey, Puerto Rico, 1875-1954)

87.
Venecia, 1907. Óleo sobre lienzo. 14-1/8" x 10-1/8"
Museo Pío López Martínez, Recinto de Cayey

88.
Frutas en plato con borde azul, 1939. Óleo sobre lienzo/cartón. 4-3/4" x 6-3/8"
Museo Pío López Martínez, Recinto de Cayey

89.
Stella Mater, 1940. Óleo sobre lienzo. 75" x 40"
Museo Pío López Martínez, Recinto de Cayey

90.
Árboles, s.f. Óleo sobre lienzo. 8-1/4" x 10-3/8"
Museo Pío López Martínez, Recinto de Cayey

91.
Iglesia de Cayey de noche, s.f. Óleo sobre cartón. 11- 5/16 x 7-5/8"
Museo Pío López Martínez, Recinto de Cayey

92.
Alrededores de Cayey con flamboyán, 1952. Óleo sobre lienzo. 11" x 15"
Museo Pío López Martínez, Recinto de Cayey

93.
Estudio para el cuadro El pan nuestro, 1905.
Boceto al óleo sobre lienzo. 22" x 12-3/4"
Museo Pío López Martínez, Recinto de Cayey

94.
Apunte de manos, s.f. Dibujo al carbón sobre papel. 8" x 12"
Museo Pío López Martínez, Recinto de Cayey

Gabino, Amadeo (España, 1922)

95.
Homenaje a Erasmo V, 1992.
Escultura en acero cortén
Jardín de Esculturas del Jardín Botánico, Administración Central

García Rivera, Martín (Arecibo, Puerto Rico, 1960)

96.
Piernas ancestrales, 1990. Xilografía.
42" x 22-1/2"
Museo de Historia, Antropología y Arte,
Recinto de Río Piedras

García, Domingo (Coamo, Puerto Rico, 1932)

97.
Looking Peña, 1960. Óleo sobre masonite.
27-5/8" x 35-5/8"
Museo de Historia, Antropología y Arte,
Recinto de Río Piedras

García, Evelyn (Aguadilla, Puerto Rico, 1951)

98.
Esferas, 1988. Serigrafía sobre cerámica.
38" x 30"
Recinto de Mayagüez

Géigel, Luisa (San Juan, Puerto Rico, 1916)

99.
Lorenza la lavandera, 1939. Óleo sobre cartón.
36" x 28"
Museo de Historia, Antropología y Arte,
Recinto de Río Piedras

González, Jesús (Peñuelas, Puerto Rico, 1945)

100.
Teatro universitario presenta: Edipo Rey, 1986.
21-1/2" x 12-1/2"
Recinto de Bayamón

101.
Semana de la Lengua: Homenaje a Manrique Cabrera, 1988.

Serigrafía. 35" x 20-3/4" (en colaboración con
Carmelo Fontánez)
Recinto de Bayamón

Gotay, Consuelo (Bayamón, 1949)

102.
Portafolio *Puerta al tiempo en tres voces*,
de Luis Palés Matos, 1998.
Linóleo y tipografía. 14" x 9"
Museo de Historia, Antropología y Arte,
Recinto de Río Piedras

Goya, Francisco de (España, 1746-Francia, 1828)

103.
Carretadas al cementerio, 1810. Aguafuerte,
aguatinta, punta seca. 5-3/8" x 7-1/8"
Museo de Historia, Antropología y Arte,
Recinto de Río Piedras

104.
Yo lo vi, 1810. Aguafuerte, aguatinta, punta
seca. 5-1/4" x 7-5/8"
Museo de Historia, Antropología y Arte,
Recinto de Río Piedras

Guzmán, Carlos (Puerto Rico)

105.
Cardumen para un jardín, 1996. Escultura
monumental en acero inoxidable
Jardín de Esculturas del Jardín Botánico,
Administración Central

Hernández Cruz, Luis (San Juan, Puerto Rico, 1936)

106.
Médano, 1968. Acrílico sobre lienzo.
53-5/8" x 59-3/4"
Museo de Historia, Antropología y Arte,
Recinto de Río Piedras

107.
Composición con pirámides, 1969. Escultura
modular en fiberglass
Recinto de Mayagüez

108.
El bosque, 1992. Escultura en acero
inoxidable y cemento
Jardín de Esculturas del Jardín Botánico,
Administración Central

Herrero, Susana (Nueva York, 1945)

109.
Manifestación de la soledad, 1983. Litografía.
19" x 24-3/4"
Museo de Historia, Antropología y Arte,
Recinto de Río Piedras

Homar, Lorenzo (San Juan, Puerto Rico, 1913-2004)

110.
Le lo lai, 1952-53. Medio mixto sobre masonite.
26" x 39"
Museo de Historia, Antropología y Arte,
Recinto de Río Piedras

111.
Unicornio en la isla, 1965. Xilografía. 20" x 48"
Museo de Historia, Antropología y Arte,
Recinto de Río Piedras

112.
Bonito norte a la cáncora (Gaviotas), 1967.
Xilografía. 47-3/4" x 27-1/4" comp.,
59-3/4" x 36-1/2" papel
Colección Universidad de Puerto Rico

113.
Centenario del tenor Antonio Paoli, 1971.
Serigrafía. 24-3/8" x 18-11/16"
Donación de GlaxoSmithKline
Museo de Historia, Antropología y Arte,
Recinto de Río Piedras

114.
Alma, 1983. Serigrafía a color sobre mylar.
27" x 21-1/4"
Museo de Historia, Antropología y Arte,
Recinto de Río Piedras

Irizarry, Carlos (Mayagüez, Puerto Rico, 1936)

115.
Moratorium, 1969. Serigrafía.
22-3/16" x 30-1/16"
Donación de GlaxoSmithKline
Museo de Historia, Antropología y Arte,
Recinto de Río Piedras

Irizarry, Epifanio (Ponce, Puerto Rico, 1915)

116.
Veleros, 1957. Ólco sobre masonite.
19- 1/2" x 24"
Museo de Historia, Antropología y Arte,
Recinto de Río Piedras

Irizarry, Marcos (Mayagüez, Puerto Rico, 1936-1995)

117.
Sin título, 1991. Collage y acrílico sobre tela.
28-3/4" x 28-3/4"
Colección Marcos Irizarry, Recinto de Mayagüez
Fotógrafo: Carlos Díaz

118.
Tiznit, 1994. Óleo sobre lienzo. 66-1/4" x 53"
Museo de Historia, Antropología y Arte,
Recinto de Río Piedras

Koberger, Anthoni (Alemania, c. 1440-1513)

119.
Ilustraciones para la Biblia de Nuremberg, 1483.
Xilografía y acuarela. 4-5/8" x 7-3/8"

Museo de Historia, Antropología y Arte,
Recinto de Río Piedras

Landing, Haydée (San Juan, Puerto Rico, 1956)

120.
Transformación, c. 1985, p/a. Linóleo sobre pellón. 38" x 23-1/4"
Museo de Historia, Antropología y Arte,
Recinto de Río Piedras

López Dirube, Rolando (Cuba, 1928-Puerto Rico, 1997)

121.
Desarrollo de una esfera-098/029, 1981.
Grabado en madera; imagen: 27" x 36- 13/16";
papel, 29-1/2" x 38-15/16
Colección de las Artes, Biblioteca J. M. Lázaro,
Recinto de Río Piedras

122.
Antares, 1992. Escultura monumental
en hormigón
Jardín de Esculturas del Jardín Botánico,
Administración Central

Lugo, Lizette (San Juan, Puerto Rico, 1956)

123.
Corazón sembrado, 1997. Serigrafía.
30-3/16" x 23-13/16"
Museo de Historia, Antropología y Arte,
Recinto de Río Piedras

Maldonado, Antonio (Manatí, Puerto Rico, 1920)

124.
Retrato, 1947. Óleo sobre lienzo. 23" x 19-3/4"
Museo de Historia, Antropología y Arte,
Recinto de Río Piedras

125.
La nueva técnica, 1964. Linografía.
20" x 21-3/4"
Museo de Historia, Antropología y Arte,
Recinto de Río Piedras

Maler, Leopoldo (Argentina, 1937)

126.
La conciencia empírica, 1996. Escultura monumental en acero cortén
Jardín de Esculturas del Jardín Botánico,
Administración Central

Manet, Edouard (Francia, 1832-1883)

127.
Lola de Valence, 1862. Aguafuerte y aguatinta.
10-5/16" x 7-1/4"
Museo de Historia, Antropología y Arte,
Recinto de Río Piedras

Marichal, Carlos (España, 1923-Puerto Rico, 1969)

128.
Palma real, 1954. Xilografía a contra fibra.
6-1/8" x 3-1/2"
Museo de Historia, Antropología y Arte,
Recinto de Río Piedras

Marichal, Poli (Ponce, Puerto Rico, 1955)

129.
Indigentes, 1992. Xilografía. 32-1/4" x 21"
Museo de Historia, Antropología y Arte,
Recinto de Río Piedras

Marín Molina, Adolfo (Arecibo, Puerto Rico, 1858-Francia, 1914)

130.
Catherine, s. f. Óleo sobre tabla
14-1/4" x 10-5/8"
Museo de Historia, Antropología y Arte,
Recinto de Río Piedras

Rosado del Valle, Julio (Cataño, 1922)

201.
Niña, 1958. Dibujo a tinta. 25-3/8" x 21-3/4"
Legado José Trías Monge

202.
Reinita, 1958. Dibujo a tinta. 11" x 14"
Colección de la Junta de Síndicos

203.
Movimiento, 1962. Óleo sobre masonite.
30" x 50" con marco
Colección de la Junta de Síndicos

204.
Ostiones, 1964. Óleo sobre panel de madera de
pino. 33" x 35-1/2"
Colección de la Junta de Síndicos

205.
Tejas, s.f. Óleo sobre lienzo.
42-3/4" x 42-3/4" con marco
Colección de la Junta de Síndicos

206.
Caracoles (tríptico), c. 1975. Óleo sobre tres
paneles de masonite. 6' x 4' c/u
Colección Universidad de Puerto Rico

207.
Torso, 1967. Aluminio líquido
Recinto de Mayagüez

Rosado, Juan (Toa Alta, 1891-San Juan, 1962)

208.
Luquillo visto desde Fajardo, 1952. Óleo sobre
masonite. 24" x 30-1/4"
Museo de Historia, Antropología y Arte,
Recinto de Río Piedras

Ruiz, Cristóbal (España, 1881-México 1962)

209.
Autorretrato, 1952. Óleo sobre lienzo.
30" x 20"
Museo de Historia, Antropología y Arte,
Recinto de Río Piedras

210.
Retrato de Gladys Francillete, s.f. Óleo sobre
lienzo. 29-7/8" x 21-7/8"
Museo de Historia, Antropología y Arte,
Recinto de Río Piedras

211.
Retrato de Elsa Fano, 1947.
Dibujo al carboncillo. 17-7/8" x 11-13/16"
Colección de las Artes, Biblioteca J. M. Lázaro,
Recinto de Río Piedras

Sáez, Gloria (España, s.f.)

212.
Diseños de vestuario para *Antígona*, de
Sófocles, ¿1968?. Bocetos (acuarela, lápiz,
color). 18-13/16" x 11-15/16"
Colección de las Artes, Biblioteca J. M. Lázaro,
Recinto de Río Piedras

Salgado, Orlando (Santurce, Puerto Rico, 1964)

213.
Identidad, 1998. Xilografía. 29" x 33"
Museo de Historia, Antropología y Arte,
Recinto de Río Piedras

Sambolín, Nelson (Salinas, Puerto Rico, 1944)

214.
Arte antibélico, 1985. Serigrafía.
35-1/4" x 23-1/8"
Donación de GlaxoSmithKline

Museo de Historia, Antropología y Arte,
Recinto de Río Piedras

Sánchez Felipe, Alejandro (España, 1895-1971)

215.
La Perla, 196_. Dibujo a felpa b/n.
14-3/8" x 19-3/4"
Colección de las Artes, Biblioteca J. M. Lázaro,
Recinto de Río Piedras

Sánchez, Juan (Brooklyn, Nueva York, 1954)

216.
Para Carmen María Colón, 1986. Serigrafía.
22-1/2" x 30"
Museo de Historia, Antropología y Arte,
Recinto de Río Piedras

Sánchez, Samuel (Corozal, Puerto Rico, 1929)

217.
Monte de Barrio Nuevo, 1968. Óleo sobre
masonite. 30-1/4" x 40-1/4"
Museo de Historia, Antropología y Arte,
Recinto de Río Piedras

Seguí, Antonio (Argentina, 1934)

218.
Personificación gris, 1964. Dibujo al pastel.
26-1/4" x 32-1/4"
Recinto de Mayagüez

Serrano, Pablo (España, 1910-s.f.)

219.
La bóveda para el hombre, 1960-62. Bronce.
Fuente frente al Museo de Historia,
Antropología y Arte, Recinto de Río Piedras

Siqueiros, David Alfaro (México, 1896-1974)

220.
Mujer en el mezquital, 1960. Óleo sobre masonite. 43-1/2" x 37-3/4"
Legado José Trías Monge

Sobrino, Carmelo (Manatí, Puerto Rico, 1948)

221.
El velorio, 1972, p/a. Xilografía a color.
24-3/4" x 36-3/4"
Museo de Historia, Antropología y Arte,
Recinto de Río Piedras

222.
Atlántico, 1997. Óleo sobre lienzo. 43" x 50"
Museo de Historia, Antropología y Arte,
Recinto de Río Piedras

Somoza, María E. (San Juan, 1938)

223.
Mutación, c. 1974. Aguafuerte a color.
23-3/4" x 17-1/2"
Museo de Historia, Antropología y Arte,
Recinto de Río Piedras

Sorolla, Joaquín (España, 1863-1923)

224.
Retrato de Juan Ramón Jiménez, 1916. Óleo sobre lienzo. 27" x 19"
Sala Zenobia y Juan Ramón Jiménez, Biblioteca
J. M. Lázaro, Recinto de Río Piedras

225.
Retrato de Zenobia Camprubí, 1918.
Óleo sobre lienzo. 26" x 23"
Sala Zenobia y Juan Ramón Jiménez, Biblioteca
J. M. Lázaro, Recinto de Río Piedras

Stern, Claudia (Brasil, s.f.)

226.
Profecía, 1996. Acero inoxidable
Jardín de Esculturas del Jardín Botánico,
Administración Central

Suárez, Julio (Santurce, Puerto Rico, 1947)

227.
Monumento histórico 2000 (2000). Escultura
monumental en acero inoxidable y hormigón
Recinto de Mayagüez

Sueños, Carlos (San Juan, Puerto Rico, 1952)

228.
Galaxias I, 1989. Intaglio. 30-1/4" x 22-1/4"
Museo de Historia, Antropología y Arte,
Recinto de Río Piedras

Tábara, Enrique (Ecuador, 1930)

229.
El hechicero, 1965. Acrílico sobre relieve en
madera. 48" x 42"
Recinto de Mayagüez

Tamayo, Rufino (México, 1899-1991)

230.
Paysage aztéque, 1950. Litografía a color.
13-1/4" x 19-3/4"
Museo de Historia, Antropología y Arte,
Recinto de Río Piedras

231.
Prometeo, 1957. Vinelita sobre lienzo. 11´ x 24´
Donación del Colegio de Ingenieros
Arquitectos y Agrimensores y del
Banco Popular

Tàpies, Antoni (España, 1923)

232.
Sin título, s.f. Aguafuerte. 25-1/2" x 20"
comp. y papel
Colección Universidad de Puerto Rico

Torres Martinó, José A. (Ponce, Puerto Rico, 1916)

233.
Mater atómica, 1962. Xilografía. 34" x 24-3/4"
Museo de Historia, Antropología y Arte,
Recinto de Río Piedras

Toulouse Lautrec, Henri (Francia, 1864-1901)

234.
May Milton, 1895. Litografía a color.
30-7/8" x 23-7/8"
Museo de Historia, Antropología y Arte,
Recinto de Río Piedras

Tufiño, Rafael (Brooklyn, Nueva York, 1922)

235.
El gigante, 1956. Óleo sobre masonite.
15-3/16" x 28-7/8"
Museo de Historia, Antropología y Arte,
Recinto de Río Piedras

236.
La calle, 1957. Óleo sobre masonite.
28-1/2" x 20"
Museo de Historia, Antropología y Arte,
Recinto de Río Piedras

237.
La Botella, 1963. Xilografía. 30-3/4" x 13-1/2"
Museo de Historia, Antropología y Arte,
Recinto de Río Piedras

238.
La plena, 1967. Serigrafía. 29-1/8" x 19-1/4"
Donación de GlaxoSmithKline
Museo de Historia, Antropología y Arte,
Recinto de Río Piedras

239.
El santero, c.1967. Serigrafía. 30-1/8" x 19-1/ 2"
Donación de GlaxoSmithKlein
Museo de Historia, Antropología y Arte,
Recinto de Río Piedras

Zapata, Félix (Cabo Rojo, Puerto Rico, 1956)

240.
Oasis, 1993. Losetas de cerámica, 42" x 32"
Recinto de Mayagüez

ÍNDICE DE ARTISTAS

Abularach, Rodolfo: 178

Alastair: 241

Alberty Torres, Roberto ("Boquio"): 108

Albizu, Olga: 89

Alicea, José: 176

Alonso, Luis: 182, 184

Anglada Camarassa, Hermenegildo: 258, 259

Arp, Jean Hans: 160

Báez, Myrna: 125, 177

Beardsley, Aubrey: 242, 244

Blondet, Carmen Inés: 212, 222

Bonilla Norat, Félix: 55

Bonnard, Pierre: 154

Botello, Ángel: 107

Brau, Mario: 260, 261, 262

Buffet, Bernard: 106

Cabán (Familia): 251, 252

Cajiga, Luis G.: 114

Calder, Alexander: 166

Campeche, José: 26, 28, 29, 30, 31

Capuletti, Manuel: 265

Cardona, Jesús: 184

Carrasco, Ted: 213

Castrillo, Rebeca: 199

Cervoni, Francisco: 69

Chiesa, Wilfredo: 134, 245

Collazo, Carlos: 130

Collazo, Raphael: 132, 272

Coronel, Rafael: 120

Cruz Diez, Carlos: 214

Cuchí, José: 42

De Diego, José: 255

De Jesús, Osvaldo: 204

Delgado, Osiris: 100

Desangles, Luis: 44

Di Chirico, Giorgio: 156

Díaz McKenna, Fernando: 50

Dobal, José: 80

Dobal, Narciso: 68

Domènech Saló, Pere: 239

Dr. Atl: 64

Du Bon, Jorge: 220

Escobar, Elizam: 138

Evans, Richard: 32

Fernández de Oviedo, Gonzalo: 234, 235

Fernández Granell, Eugenio: 66

Ferrer, Rafael: 208, 210

Fontánez, Carmelo: 192

Frade León, Ramón: 46, 58, 60, 62, 63, 70, 256, 257

Gabino, Amadeo: 216

García Rivera, Martín: 194

García, Domingo: 92

García, Evelyn: 278

Géigel, Luisa: 59

González, Jesús: 192

Gotay, Consuelo: 248

Goya, Francisco: 152

Guzmán, Carlos: 223

Hernández Cruz, Luis: 118, 211, 217

Herrero, Susana: 188

Homar, Lorenzo: 74, 170, 172, 174, 187

Irizarry, Carlos: 177

Irizarry, Epifanio: 88

Irizarry, Marcos: 139, 140

Koberger, Anthoni: 151

Landing, Haydée: 190

López Dirube, Rolando: 185, 218

Lugo, Lizette: 199

Maldonado, Antonio: 65, 168

Maler, Leopoldo: 226

Manet, Edouard: 153

Marichal, Carlos: 162

Marichal, Poli: 198

Marín Molina, Adolfo: 48

Marín, Augusto: 110

Martínez Andújar, Frank: 201

Martínez, Dessie: 183

Martorell, Antonio: 136, 174, 175, 186, 245

Matisse, Henri: 155

Medina, Félix: 45

Meléndez Contreras, José: 86

Melero, Jochi: 276

Melero, María Josefina: 198

Mestey Villamil, Oscar: 131, 246

Millán, Néstor: 195

Mora, Eduardo: 224

Morate M.: 47

Moscioni, A.: 274, 275

Nicholson, Anna: 202

Nieves, Heriberto: 228

Novoa, Isaac: 193

Ohtake, Tomie: 122

Oliver, José R.: 96, 115

Oller y Cestero, Francisco: 34, 36, 37, 38, 39, 40

O'Neill, María de Mater: 141

Ortiz Meléndez, Lionel: 143

Osorio, Carlos: 90

Peláez, José A.: 190

Pérez, Marta: 195

Picasso, Pablo: 156, 157

Polesello, Rogelio: 112

Pou, Miguel: 53, 54, 56, 57

Renta Dávila, Enrique: 148

Ríos, Miguel A.: 91

Rivera, Carlos Raquel: 76, 81, 98, 99, 164, 165

Rivera, Diego: 155

Rivera Rosa, Rafael: 185

Rivera Villafañe, Carlos: 196

Rodón, Francisco: 101, 124

Rodríguez Báez, Félix: 116

Rodríguez Benítez, Guillermo: 280

Rodríguez Gotay, Víctor: 201

Rodríguez Señeriz, María: 121

Rodríguez, Nora: 146

Romano, Jaime: 128

Rops, Félicien: 240

Rosa, José: 142, 180, 181, 183

Rosado del Valle, Julio: 95, 102, 104, 126, 209, 266, 268

Rosado, Juan: 71

Ruiz, Cristóbal: 72, 73, 264

Sáez, Gloria: 273

Salgado, Orlando: 200

Sambolín, Nelson: 191

Sánchez Felipe, Alejandro: 270

Sánchez, Juan: 191

Sánchez, Samuel: 117

Seguí, Antonio: 271

Serrano, Pablo: 207

Siqueiros, David Alfaro: 94

Sobrino, Carmelo: 144, 182

Somoza, María: 181

Sorolla, Joaquín: 49, 52

Stern, Claudia: 227

Suárez, Julio: 230

Sueños, Carlos: 194

Tábara, Enrique: 105

Tamayo, Rufino: 84, 158

Tàpies, Antoni: 186

Torres Martinó, José A.: 167

Toulouse Lautrec, Henri: 154

Tufiño, Rafael: 78, 82, 168, 169

Zapata, Félix: 279

ÍNDICE DE AUTORES

Alberty Torres, Roberto: 67
Arce de Vázquez, Margot: 121
Arzola, Marina: 109
Ayala, Francisco: 219
Benítez, Jaime: 263
Blanco, Tomás: 171
Burgos, Julia de: 173
Castro Ríos, Andrés: 269
Cézanne, Paul: 35
Córdova Iturregui, Félix: 161
Corretjer, Juan Antonio: 19, 61, 165
Cros, Fernando: 127
Darío, Rubén: 124
Dávila, Angelamaría: 85
Degetau, Federico: 48
Frade León, Ramón: 70, 257
Gallego, Laura: 103
González, José Luis: 137
Gullón, Ricardo: 207
Gutiérrez del Arroyo, Isabel: 193
Hernández Aquino, Luis: 119
Jiménez, Juan Ramón: 49
Lair, Clara: 189, 243
Lima, José María: 41
Llorens Torres, Luis: 281
Lluch Mora, Francisco: 27
López Adorno, Pedro: 77
López Suria, Violeta: 93
Luna, Noel: 197
Marichal, Carlos: 163
Matos Paoli, Francisco: 79, 176
Morales, Jorge Luis: 133, 267
Moreira, Rubén Alejandro: 113
Morse, Richard F.: 33
Noel, Urayoán: 3

Ochart, Yvonne: 7, 159
Padilla, José Gualberto: 43
Palés Matos, Luis: 87, 249
Pedreira, Antonio S.: 260
Picó, Fernando: 221
Quiñones, Magaly: 247
Ramírez Córdova, Antonio: 229
Reyes, Edwin: 111, 277
Ribera Chevremont, Evaristo: 179
Rodríguez Nietzsche, Vicente: 75
Sáez Burgos, Juan: 225, 271
Salinas, Pedro: 145
Santos Febres, Mayra: 147
Santos Silva, Loreina: 123
Sotomayor, Áurea María: 215
Tapia y Rivera, Alejandro: 274
Traba, Marta: 251
Trías Monge, José: 97
Vargas Llosa, Mario: 203
Vega, José Luis: 237
Vélez Estrada, Jaime: 129
Vientos Gastón, Nilita: 56, 83
Zambrano, María: 51

AGRADECIMIENTOS

Agradecemos la valiosa colaboración de las siguientes personas:

Sr. José Julián Acosta Préstamo
Profesor Luis Agrait
Profesora Rosa Alers
Dra. Silvia Álvarez Curbelo
Sra. Mirta Álvarez
Dra. Nilda Aponte
Profesora Sandra Aponte
Sra. Margarita Ayala Guzmán
Sr. Jonathan Berríos
Dr. Ramón Budet
Dr. Luis Chanlatte Baik
Profesor Roberto Colón Ocasio
Profesor Luis Concepción
Sra. Carmen G. Correa
Dr. José Cruz Cruz
Dr. Rafael Dávila
Sr. Carlos Díaz
Profesora Aura Díaz López
Dra. Margarita Fernández Zavala
Sr. José A. Fonseca
Lic. José Frontera
Dr. Dwight García
Dra. Ena Huyke
Dra. Ivette López
Sra. Sorángel Lugo
Profesora Flavia Marichal Lugo
Profesora Dessie Martínez
Sra. Rosario del Pilar Meléndez
Dr. Iván Méndez Bonilla
Sr. Ángel Méndez Ramos
Profesor Oscar Mestey Villamil
Sra. Magaly Monserrate
Dr. Rubén Alejandro Moreira
Sra. Olga Moreno
Dra. María Luisa Moreno
Dra. Ivonne Narganes

Profesora Marisa Ordóñez
Profesor Omar Orrusti
Sra. Viola Orsini de Trías Monge
Profesora Lisa Ortega
Licenciada María Otero
Profesor Lionel Ortiz Meléndez
Profesora Iris Parrilla
Sra. Annie Pereira
Sra. Elizabeth Pérez de Rosa
Profesora Evangelina Pérez
Profesora María del Carmen Pérez
Sr. Carlos Pérez Vela
Profesora Lydia Platón
Profesor Stanley Portela
Profesora Irma Ramírez
Profesora Adlín Ríos Rigau
Dr. Énoc Robles
Profesora Elsa Rodríguez
Profesor Pablo Rubio
Dra. Carmen Teresa Ruiz de Fischler
Sra. Ana M. Santiago Castro
Sra. Annie Santiago de Curet
Profesora Chakira Teresa Santiago
Rector Rafael Aragunde, de la Universidad de Puerto Rico en Cayey
Rector Víctor Borrero Aldahondo, de la Universidad de Puerto Rico en Carolina
Rector José Rafael Carlo, del Recinto de Ciencias Médicas de la Universidad de Puerto Rico
Rectora Hilda Colón Plumey, de la Universidad de Puerto Rico en Humacao
Rector Luis R. Clos, de la Universidad de Puerto Rico en Utuado
Rectora Gladys Escalona de Motta, de la Universidad de Puerto Rico en Río Piedras
Rector Edwin Hernández, de la Universidad de Puerto Rico en Arecibo
Rector Jaime C. Marrero Vázquez, de la Universidad de Puerto Rico en Ponce
Rector Pablo Rodríguez, de la Universidad de Puerto Rico en Aguadilla
Rector Andrés Rodríguez Rubio, de la Universidad de Puerto Rico en Bayamón
Rector Jorge Vélez Arocho, de la Universidad de Puerto Rico en Mayagüez
Sra. Beatriz Quiñones
Profesora Mariel Quiñones Vélez
Profesor Jaime Rodríguez Alicea
Sr. Eddie Sánchez
Sra. Noris Toledo
Dr. José Manuel Torres Santiago
Licenciado Luis Mariano Villaronga

El diseño gráfico y tipográfico, la diagramación y el montaje electrónico de esta edición se hicieron en computadora Macintosh.
Se utilizó el programa QuarkXPress 4.1 y el tipo de letra usado en los textos es Laurentian y Frutiger Condensed.

Esta edición se imprimió y encuadernó en China por Phoenix Offset, en octubre de 2004.